BIBLIOTHÈQUE
DE PHILOSOPHIE CONTEMPORAINE

AUTOMATISME

ET

SUGGESTION

PAR

LE Dr H. BERNHEIM

Professeur honoraire à la Faculté de Médecine de Nancy.

PARIS

LIBRAIRIE FÉLIX ALCAN

108, BOULEVARD SAINT-GERMAIN, VIᵉ

AUTOMATISME

ET

SUGGESTION

AUTOMATISME

ET

SUGGESTION

PAR

Le Dr H. BERNHEIM

Professeur honoraire à la Faculté de Médecine de Nancy.

PARIS

LIBRAIRIE FÉLIX ALCAN

108, BOULEVARD SAINT-GERMAIN, (VIe)

1917

AVANT-PROPOS

Ces pages sont destinées aux psychologues, aussi bien qu'aux médecins. Ils n'y trouveront pas de théories abstraites et transcendantes, mais des documents fournis par l'observation de l'homme sain et malade. C'est de la psychologie clinique, qui doit avoir une large part à l'édification des doctrines.

Tous les psychologues aujourd'hui comprennent que, avant de disserter utilement sur le psychisme, il faut avoir quelques notions élémentaires sur l'instrument de ce psychisme, sur l'anatomie et la physiologie du cerveau et du système nerveux, sur ses relations fonctionnelles avec les autres organes et fonctions, sur les troubles qu'il peut manifester. Le temps n'est plus où la psychologie n'était qu'une branche métaphysique de la philosophie que l'auto-inspection et la méditation suffisaient à alimenter.

Les psychologues sont devenus des hommes de science qui ne se contentent pas des élucubrations spontanées de leur cerveau, mais les raisonnent et les éclairent avec les sciences. Il y a une trentaine d'années, un des plus grands maîtres de la philosophie française, qui n'était pas psychologue, bien que grand philosophe, reprochait à l'École de Nancy, en opposition avec la Salpêtrière, de manquer de méthode. Il apportait à l'appui de cette critique ce fait, que nous n'avions même pas eu la précaution scientifique, en face d'une hallucination suggérée par nous, pour voir si elle était réelle et non simulée, de vérifier si l'image était rapprochée ou éloignée, agrandie ou diminuée par les verres adaptés, placés devant les yeux du sujet. Comme si l'image des hallucinations ou des rêves créée par le cerveau avait une existence matérielle devant l'œil du sujet, comme si elle envoyait à cet œil, à travers les verres, des rayons qui obéissent aux lois de l'optique! Une objection aussi naïvement peu scientifique n'émanerait plus des psychologues modernes, suffisamment initiés aux notions scientifiques et médicales.

Il semble même, et cela se comprend, que comme tous les néophytes, ils acceptent, avec trop de ferveur et trop de complaisance, comme des dogmes, certaines données même contestables de la médecine, à l'exemple des médecins eux-mêmes, qui les acceptent lorsqu'elles sont séduisantes et étayées par de grandes autorités médicales.

Telle, par exemple, la doctrine de la localisation cérébrale en matière d'aphasie, longtemps universellement admise, qui n'a soulevé aucune objection, ni parmi les physiologistes, ni parmi les psychologues. Et cependant, cette doctrine, qui commence à être battue en brèche aujourd'hui, bien qu'encore fort accréditée, ne résiste pas à l'examen psychologique [1].

Telle encore la doctrine de l'hystérie, telle que les médecins l'ont affirmée, qui, acceptée par les psychologues, a donné naissance à une conception théorique psychologique.

Les médecins ont constaté dans l'hystérie, comme stigmate fondamental fréquent, l'hémianesthésie sensitivo-sensorielle et le rétrécissement du champ visuel. Sur cette observation médicale, la psychologie moderne a édifié le rétrécissement du champ de la conscience, qui serait le stigmate psychique de l'hystérie [2]. Et les médecins, à leur tour, ont accepté avec ferveur et sans contrôle cette théorie qui leur a paru d'autant plus profonde et plus claire, qu'elle est plus nébuleuse !

Or, j'ai montré, et mes observations ont été confirmées par Babinski, que l'hémianesthésie et le rétrécissement du champ visuel n'existent pas en réalité chez les hystériques ; ce sont des symptômes créés de toutes pièces par le médecin qui les cherche et en donne l'idée au sujet ; c'est un produit de suggestion médicale inconsciente, qui ne saurait servir de base à une théorie.

Mais ces questions ne doivent pas nous occuper ici.

Une troisième, agitée par les médecins et les psychologues, fait surtout l'objet de cette étude. C'est celle du psychisme automatique et inconscient.

Qu'il y ait de l'intelligence, je ne dis pas du psychisme, dans les actes du règne animal et végétal inconscients, que les grands phénomènes de l'univers, la gravi-

1. Bernheim. L'Aphasie. Conception psychologique et clinique. Paris, O. Doin, 1911.
2. Bernheim. L'Hystérie. Paris, O. Doin, 1913.

tation, les mouvements des astres, la distribution des eaux sur notre globe, le cours des saisons, l'équilibre de température adapté aux besoins des êtres qui y vivent, etc., que tous ces actes qui s'accomplissent autour de nous soient réglés automatiquement par des lois intelligentes, que dans le règne végétal, les phénomènes de la vie, croissance, nutrition, reproduction, etc., témoignent d'une intelligence qui ne se connaît pas elle-même, ce sont des vérités qui s'imposent. Mais cette intelligence des actes ne leur appartient pas ; elle appartient au créateur ou à la création, qui reste pour nous un mystère. Ces actes ont été réglés, de façon à se faire et à se coordonner automatiquement, de façon intelligente, sans que le psychisme intervienne.

Qu'il y ait même dans les fonctions psychiques de l'homme, l'éclosion et l'évolution des idées et leur traduction en actes divers, un mécanisme en partie automatique, cela est, comme nous le verrons, incontestable.

Mais que ce psychisme lui-même puisse fonctionner à l'insu de celui qui le manifeste et ne le percevrait pas, que l'homme puisse, dans certaines conditions, machine vivante et sans conscience, élaborer un psychisme actif, faire des actes complexes et coordonnés qui exigent de l'initiative et du raisonnement, qu'il puisse prononcer un long discours, écrire une sonate, œuvre de génie, ou faire une promenade à cheval en cherchant et trouvant sa route, et tout cela par je ne sais quel psychisme inconscient et intelligent, j'avoue que je ne puis le concevoir. Et cependant, c'est ce que beaucoup de médecins et de psychologues semblent admettre.

De là à penser que cette force psychique inconsciente puisse, comme un fluide électrique ou magnétique, quitter l'organisme et rayonner à distance, même à travers les mers, faire acte de transmission de pensée, de télépathie, il n'y a peut-être pas très loin.

Cependant, sauf de rares exceptions, psychologues et médecins, jugeant que ces faits manquent de démonstration expérimentale, et sont en contradiction avec les données scientifiques admises, n'ont pas franchi cette étape.

Ce sont surtout les phénomènes du somnambulisme spontané et expérimental et ceux de l'état dit hypnotique qui ont accrédité cette conception de psychisme automatique et inconscient.

Quand on voit certains somnambules, le regard fixe, aller, venir, commettre des actes tantôt raisonnables, tantôt extravagants, mais avec esprit de suite et coordination dans les idées, et ensuite revenus à leur état de conscience normal, n'avoir aucun souvenir de ce qui s'est passé, comme si cette vie somnambulique était lettre morte pour eux, on ne peut s'empêcher de penser que c'est un autre moi inconscient qui a agi en eux, qu'ils n'ont été que des automates vivants.

Quand on assiste pour la première fois à une séance d'hypnotisme et aux phénomènes, dits hypnotiques, réalisés par un bon sujet, on ne peut se défendre d'un sentiment d'émotion et d'étonnement.

Quand je pénétrai dans le modeste cabinet de Liébeault et que je vis les hommes et les femmes du peuple s'en-

dormir à sa parole et beaucoup présenter dans ce sommeil de la catalepsie, de l'anesthésie, de la contracture, des hallucinations, de l'obéissance passive à l'hypnotiseur, malléables entre ses mains comme des automates sans volonté, quand je vis sa simple parole dissiper souvent des douleurs et d'autres troubles fonctionnels, je restai profondément troublé. Et cependant Liébeault n'avait rien d'un thaumaturge ; il ne croyait pas aux influences occultes et disait n'agir qu'en concentrant, dans cet état, l'attention, c'est-à-dire la force psychique du sujet, sur l'organe ou la fonction malade.

Mais ces phénomènes et cette thérapeutique étranges me paraissaient tellement en contradiction avec les phénomènes physiologiques, avec la thérapeutique rationnelle, que je ne pus empêcher certaines réflexions de m'obséder malgré moi. « Outre les faits que nous connaissons et qui s'imposent à nous, outre les propriétés de l'organisme humain que nous avons étudiées, n'y aurait-il pas des faits autres, des propriétés autres, qui ne se manifestent que sous certaines influences ? Le télégraphe, le téléphone, le phonographe auraient été considérés autrefois comme des inventions miraculeuses. La science a interprété ces miracles. N'en serait-il pas de même de ces merveilles réalisées automatiquement, souvent inconsciemment, par l'organisme humain ? »

Mais à mesure que, faisant moi-même cette quasi thaumaturgie expérimentale, je me familiarisai avec ces phénomènes dont j'étudiai le mécanisme, ils perdirent peu à peu leur caractère de merveilleux. Je constatai d'abord que le sommeil dit hypnotique plus ou moins

profond est identi~vc au sommeil {ordinaire, que les
phénomènes dits hypnotiques dus à la suggestion peuvent
être réalisés dans le demi-sommeil ordinaire, et même
chez beaucoup à l'état de veille, sans manœuvres spéciales, que ces phénomènes peuvent se réaliser spontanément sous certaines influences par un mécanisme physiologique; je pensai que l'hallucinabilité, dans cet état
dit hypnotique, n'est pas plus étrange que celle qui
existe chez nous tous dans les rêvasseries de la veille ou
dans les rêves du sommeil, chaque fois que l'esprit non
occupé par des idées actives est abandonné à l'imagination,
cérébration passive; je me dis que le somnambulisme
spontané n'est en réalité qu'un rêve en action; que
l'homme le plus positif, le plus sceptique, qui ne croit
que ce qu'il voit, qui défie tous les suggestionneurs et
toutes les suggestions, ne peut pas se dérober aux hallucinations écloses en son propre cerveau dans le sommeil de la nuit, quand sa volonté et son contrôle endormis
ne balayent pas ces produits spontanés d'imagination; il
est sa propre dupe.

Je constatai enfin que la thérapeutique dite hypnotique
n'est pas une action mystérieuse sur l'automatisme du
sujet, faite à son insu, par une sorte de cambriolage
cérébral, comme beaucoup le pensent encore; que c'est
de la suggestion, de la persuasion, de la psychothérapie,
qui n'agit pas directement sur l'évolution organique des
maladies, mais sur les psycho-névroses et l'élément psychonerveux des maladies.

C'est ainsi que ces manifestations, si troublantes au
premier abord, devinrent peu à peu pour moi des mani-

*festations naturelles, qui n'ont pas besoin pour se pro-
duire de propriétés nouvelles inédites, ni de psychisme
automatique inconscient.*

*Mais la doctrine que m'imposait l'observation pro-
longée des faits et les réflexions corrélatives me valut
d'acerbes critiques. D'une part, dire que la suggestibilité
est une fonction physiologique, qu'il n'y a pas d'hypnotisme, qu'il n'y a que de la suggestibilité, que la thérapeutique suggestive à l'état de veille n'est que de la
psychothérapie, c'était enlever aux hypnotiseurs tout
leur prestige; ils me renièrent et m'exclurent de leur
sein.*

*D'autre part, dire que la suggestion thérapeutique
n'est autre chose que de la psychothérapie, alors que
pour les psychothérapeutes nouveaux la suggestion
n'était que de l'hypnotisme à l'état de veille, c'était
leur enlever le mérite qu'ils s'attribuaient d'avoir créé,
sous le nom du persuasion, la thérapeutique nouvelle;
ils me rejetèrent dans le camp des hypnotiseurs thauma-
turges. Et de grands articles et livres furent publiés sur
la psychothérapie, dans lesquels mon nom ne fut même
pas mentionné ! Humanum est.*

*Les idées que j'expose dans ce livre contribueront,
j'espère, à rectifier les opinions erronées accréditées
encore parmi les médecins et les psychologues.*

*Quelques-uns peut-être, encore captivés par l'idée
mystérieuse qui reste adhérente aux mots hypnotisme et
somnambulisme, me sauront mauvais gré d'avoir cherché
à dégager ces questions de l'attrait de mysticisme qui les*

poétise à leurs yeux! L'âme humaine, même celle des hommes de science, est parfois séduite par le mysticisme!

Pour moi, bien que dépouillées de leur auréole mystique, ces études n'en sont devenues que plus attrayantes, car elles ouvrent des horizons nouveaux à la médecine théorique et pratique, à la psychologie, à la philosophie, à la sociologie.

Un mot encore. De jeunes psychologues m'ont souvent demandé quelles étaient les divergences d'opinion entre l'École de Paris et l'École de Nancy; cela n'est pas clairement spécifié dans leurs Manuels. Je réponds à cette demande, bien qu'elle n'ait plus qu'un intérêt historique. La divergence concerne la question de l'hypnotisme.

Pour l'École de Paris ou de la Salpêtrière, avec Charcot, depuis 1878, les hystériques seuls sont hypnotisables. L'hypnose est une névrose expérimentale voisine de la crise d'hystérie. Cette névrose a trois phases : léthargie, catalepsie et somnambulisme. La léthargie est caractérisée par un sommeil profond avec anesthésie et hyperexcitabilité musculaire (contraction d'un muscle par son excitation légère ou celle de son nerf.)

La catalepsie est caractérisée par l'attitude des membres, qui restent figés dans la situation qu'on leur imprime, et par un certain degré de suggestibilité, surtout par le sens musculaire : si les deux mains sont jointes, comme dans la prière, la figure prend l'expression concordante et le sujet se met à genoux, etc.

Le somnambulisme est caractérisé par la suggestibilité très active; le sujet reçoit et réalise toutes les suggestions.

Ces trois états différents peuvent s'obtenir l'une ou l'autre, suivant le sujet, par la fixation du regard. La léthargie se transforme en catalepsie par l'ouverture des yeux du sujet. La catalepsie redevient léthargie par l'occlusion des yeux ou l'obscurité. Les deux se transforment en somnambulisme par friction légère du vertex du sujet. Le somnambulisme redevient de nouveau léthargie par compression légère des globes oculaires.

L'état de léthargie est rebelle aux suggestions.

J'ai démontré, et mon opinion est généralement admise, que ces trois phases et leur réalisation par les procédés indiqués n'existent pas : ce sont des produits de culture suggestive, qui se manifestent par imitation dans les hôpitaux, et ne se manifestent pas chez les sujets non prévenus. Ainsi en est-il aussi des diverses phases de la grande hystérie, telles qu'elles sont décrites à la Salpêtrière, et qui est aussi une hystérie de culture.

La Salpêtrière a étudié l'hypnotisme comme une maladie curieuse. Elle n'a pas connu la suggestion thérapeutique.

L'École de Nancy date de mes premières études sur la suggestion inspirées par les pratiques du Dr Liébeault [1] *et suivies bientôt par les études de mes collègues de droit et*

---

1. Liébeault : *Du sommeil et des états analogues.* Paris, 1868; V. Masson et fils.

de médecine, Liégeois et Beaunis [1]. Elle a reconnu que l'hypnose n'est pas une névrose hystérique, qu'elle peut se réaliser à un degré variable chez la plupart des personnes, sans hystérie, ni tare nerveuse. Elle s'obtient par suggestion verbale, sans manœuvre, et n'est qu'un sommeil provoqué, caractérisé surtout par la suggestibilité qui peut être utilisée dans un but thérapeutique.

Telle était la conception de l'hypnose établie par Liébeault.

Elle a un peu évolué, je pense, par mes observations. J'ai montré que le sommeil provoqué n'a pas de propriétés particulières, et n'est que le sommeil normal, plus ou moins profond; que la suggestibilité existe à l'état de veille, que les phénomènes dits hypnotiques peuvent être provoqués dans cet état.

C'est ainsi que j'ai pu dire: Il n'y a pas d'hypnotisme, il n'y a que de la suggestibilité et tout le monde est suggestible dans une certaine mesure.

De l'ancien hypnotisme est née la suggestion. De mes études sur la suggestion est née la doctrine psychologique, telle que je l'expose dans ce livre.

1. Bernheim: *De la suggestion dans l'état hypnotique et dans l'état de veille*, Paris, O. Doin, 1884. — *De la suggestion et de ses applications à la thérapeutique*, Paris, O. Doin, 1886. — *Hypnotisme, Suggestion, Psychothérapie*, Paris, O. Doin, 1890, 2e édition, 1910. — *La Suggestion*, Paris, Albin Michel. — Liégeois : *La Suggestion hypnotique dans ses rapports avec le droit civil et criminel*, Mémoire lu à l'Académie des Sciences morales et politiques, 1884. — *De la Suggestion et du Somnambulisme dans leurs rapports avec la Jurisprudence et la Médecine légale*, Paris, O. Doin, 1889. -- Beaunis : *Le Somnambulisme provoqué*, Paris, J.-B. Baillière et fils, 1887.

AUTOMATISME ET SUGGESTION

CHAPITRE PREMIER

Automatisme réflexe et spontané.

L'automatisme joue un grand rôle dans les phénomènes qui s'accomplissent dans l'organisme vivant. Les actes automatiques sont ceux qui se réalisent par un mécanisme organique, sans que l'action cérébrale psychique, volonté et intelligence consciente, intervienne dans cette réalisation.

Parmi ces actes, les uns appartiennent à la *vie végétative*, les autres à la *vie nerveuse et psychique*.

Les premiers sont communs au règne animal et au règne végétal. Les phénomènes de nutrition et de dénutrition, l'absorption des principes alimentaires tirés du monde extérieur, leurs transformations chimiques et biologiques en substance organisée vivante, la prolifération, la croissance, l'évolution et l'involution des éléments histologiques depuis la naissance jusqu'à la mort, l'élimination des éléments qui ont cessé de vivre, certaines modifications pathologiques, leur réparation, etc., tous ces phénomènes ont lieu silencieusement, automatiquement, chez l'homme comme chez la plante, sans que le cerveau et le système nerveux, absents chez la plante, interviennent. Bien que chez l'homme et l'animal, le système nerveux puisse les influencer, il n'est pas indispensable ; ils sont régis par des processus chimiques, physiques, physiologiques, biologiques, et aussi nerveux chez l'animal, processus dont le mécanisme nous échappe en grande partie.

Les actes automatiques appartenant à la vie nerveuse ou psychique ne se manifestent que dans l'organisme animal et humain, seul pourvu de cette vie. Ce sont les seuls que nous voulons envisager dans cette étude.

L'automatisme nerveux est dit *réflexe* ou *spontané*. Quand un mouvement involontaire se produit à la suite d'une excitation cutanée, c'est de l'automatisme réflexe. L'impression venant de la périphérie est transmise par le nerf sensitif centripète jusqu'à la cellule grise sensitive de la moelle ; de là, elle est transférée à la cellule grise motrice et au nerf moteur centrifuge, qui en émane et commande le mouvement corrélatif : *mouvement réflexe*.

D'autres mouvements, comme les mouvements respiratoires, les battements de cœur, le clignement des paupières, les sécrétions, paraissent, comme les phénomènes de la vie végétative, être dus à l'*automatisme spontané*. En réalité, ils ne sont pas spontanés : ils le paraissent seulement, parce que nous ne sentons pas leur cause provocatrice, qui est inconsciente. Toutes ces fonctions se réalisent à notre insu, et continuent pendant le sommeil profond, alors que le cerveau conscient n'y est plus. Mais leur mécanisme n'est pas spontané. Les mouvements de la respiration, par exemple, constituent un acte réflexe. C'est l'acide carbonique accumulé dans le sang qui, dans les alvéoles pulmonaires, impressionne la périphérie des nerfs pneumogastriques; c'est cette impression qui, transmise au centre respiratoire de la moelle allongée, se réfléchit sur les nerfs qui commandent les muscles inspirateurs. Les mouvements réguliers et rythmiques du cœur sont régis par une innervation complexe, qui est subordonnée à des actes réflexes. Beaucoup d'impressions périphériques peuvent accélérer ou ralentir le cœur par l'intermédiaire de la moelle agissant sur le sympathique ou le pneumogastrique, en rapport avec les ganglions nerveux du cœur.

Les sécrétions sont dues à des impressions centripètes transmises aux centres spinaux et réfléchies par voie centrifuge sur les glandes. Telles les impressions gustatives de la langue, qui arrivent par le bulbe aux nerfs des glandes salivaires et les font sécréter, tel le bol alimentaire impressionnant la muqueuse gastro-intestinale, impression transmise à la moelle ou au grand sympathique et réfléchie de là sur les nerfs qui font sécréter les glandes du tube digestif.

Le même bol alimentaire provoque par action réflexe les contractions péristaltiques.

On voit que tous ces actes automatiques sont réflexes et dominés par le système nerveux. Ils ne sont pas spontanés comme les actes de la vie végétative mentionnés et qui existent aussi chez les végétaux sans système nerveux; on les croit tels parce qu'ils s'accomplissent en dehors de la conscience et ne se manifestent que par leurs effets.

Savons-nous mieux, d'ailleurs, ce qui se passe dans les actes nerveux franchement réflexes? L'attouchement de la plante du pied produit un mouvement dans le membre inférieur, même quand il y a anesthésie plantaire et que cet attouchement n'est pas perçu. Quelle est la modalité spéciale du nerf centripète, qui transmet l'impression provocatrice, perçue ou non perçue? Quelle est celle de la substance grise cellulaire que transforme cette impression en mouvement, celle du nerf centrifuge qui transmet ce mouvement? L'automatisme de l'arc nerveux réflexe sensitivo-moteur, actionné par l'impression périphérique, réalise l'acte. Nous constatons le fait ; et c'est tout.

Il existe donc un automatisme spécial et bulbaire (y compris les noyaux gris de la protubérance et de l'isthme de l'encéphale). La substance grise transforme les impressions centripètes en mouvements et en actes sécrétoires, sans que la fonction cérébrale intervienne. Lorsqu'une lésion spinale sépare le segment dorso-lombaire d'avec le cerveau et produit de la paraplégie, les mouvements volontaires commandés par le cerveau ne sont plus transmis par la moelle à ce segment, et n'existent plus. Mais les mouvements réflexes produits par la moelle seule peuvent persister ; le chatouillement de la plante du pied actionne encore l'automatisme spinal de la région indemne. On sait qu'une grenouille, à laquelle on a enlevé son cerveau, n'a plus de mouvements volontaires, mais présente encore des mouvements réflexes de défense, lorsqu'on irrite ses pattes, bien qu'elle ne sente pas l'irritation ; et ces réflexes sont coordonnés comme les mouvements volontaires.

Cet automatisme moteur spinal peut même s'exagérer quand la moelle est séparée du cerveau, car les centres supérieurs cérébraux exercent une action modératrice sur le pouvoir réflexe excito-moteur de la moelle.

Il existe aussi, mais beaucoup moins fréquent, un automatisme réflexe qui a lieu par l'intermédiaire des ganglions du grand sympathique, sans l'intervention de la moelle, ni du cerveau. Ainsi, comme l'a montré Cl. Bernard, le ganglion sousmaxillaire peut servir de centre à la sécrétion salivaire. D'après François Frank, le ganglion ophtalmique sert de centre aux mouvements de la pupille. Les petits ganglions des rameaux terminaux du sympathique dans l'épaisseur des intestins servent de centre aux mouvements de cet organe et font les contractions péristaltiques.

Cet automatisme réflexe, qu'il soit médullaire ou sympathique, peut exister sans phénomène de conscience. Tels les sécrétions, les contractions péristaltiques, les mouvements de la pupille, les mouvements involontaires pendant le sommeil.

D'autres fois, il s'accompagne de phénomènes de conscience, mais qui ne sont pour rien dans le mécanisme du réflexe. Ainsi, le chatouillement de la plante du pied est perçu, et cette perception consciente accompagne le réflexe; mais en cas d'anesthésie de la plante, ou d'anesthésie générale par le chloroforme, le chatouillement n'est pas perçu et le réflexe n'en persiste pas moins par la seule moelle, sans conscience. Le bâillement, la déglutition, l'éternuement, la toux, les vomissements, les battements du cœur, certains tics sont perçus et conscients; et cependant, ce sont des phénomènes automatiques qui peuvent se faire par la substance grise du bulbe, de la protubérance, de l'isthme ou par les ganglions sympathiques, sans que la conscience intervienne dans leur réalisation; ils ont lieu pendant le sommeil.

L'acte automatique peut avoir une origine psychique, être commandé par la volonté consciente, et accompli par la moelle. Il peut, à un moment donné, se continuer par la moelle seule, alors que le cerveau cesse d'être en jeu. Ainsi, quand on commence à marcher, la volonté actionne le centre cortical moteur et les noyaux médullaires, dont l'association automatique créée par l'apprentissage, règle les mouvements coordonnés de la marche. Mais celle-ci en train se poursuit spontanément; le sujet peut continuer à marcher sans y penser, sans le vouloir, distrait par d'autres pensées, automatiquement.

Tels sont aussi la plupart des actes habituels coordonnés, les mouvements professionnels, l'action de tricoter, de broder, etc... Telle est aussi la parole articulée ou graphique. L'idée se transforme en parole intérieure. Celle-ci actionne l'automatisme bulbaire ou spinal, par association nucléaire des nerfs qui actionnent les muscles phonétiques et graphiques. Cette coordination créée par l'apprentissage se fait automatiquement, sans aucun effort de notre part, sans que nous en ayons conscience. Le cerveau pense la parole ; le bulbe et la moelle la réalisent. Le sujet peut continuer à parler pendant un certain temps, ou à écrire, presque machinalement, alors qu'il pense à autre chose. Ceci m'amène à la question de l'automatisme dans les phénomènes psychiques.

CHAPITRE II

Automatisme dans les phénomènes psychiques.

L'automatisme joue un rôle dans tous les phénomènes psychiques. Quand on pense, on a conscience
de sa pensée, on en subit l'impression, l'émotion,
on sent les idées naître dans son cerveau, se développer, évoluer, et créer des actes corrélatifs. Mais
on ne sent pas le mécanisme intime qui fait cette
pensée et la transforme. Comment surgit-elle dans
la conscience, comment évolue-t-elle, comment
crée-t-elle des actes? Ce mécanisme qui est celui
du psychisme est involontaire, et inconscient; il
est automatique. Mais l'être vivant qui en est le
théâtre, ne l'est pas.

L'idée s'est fait jour. Qu'elle soit évoquée spontanément ou qu'elle vienne du dehors par une
impression sensorielle, le cerveau, actionné par
cette idée, crée automatiquement des actes corrélatifs.

Comme je l'ai dit ailleurs, *toute idée tend à se*

faire acte. Autrement dit, en langage physiologique, toute cellule cérébrale actionnée par une idée réagit sur les fibres nerveuses qui en émanent et transmettent cette action aux organes qui doivent la réaliser. C'est ainsi que l'idée tend automatiquement à devenir mouvement, sensation, image, émotion, acte organique. C'est ce que j'ai appelé *loi de l'idéodynamisme.* C'est un *automatisme réflexe* idéodynamique. De ce réflexe, comme des réflexes spinaux sensitivo-moteurs, nous ne prenons conscience que de l'idée déterminante et du dynamisme déterminé. Le mécanisme intermédiaire inconscient nous échappe. Rappelons quelques exemples pour bien faire comprendre cette vérité d'observation que j'ai longuement exposée ailleurs.

Je dis à quelqu'un : « Levez-vous ou fermez les yeux ». Le plus souvent actionné par l'idée qu'il accepte, il se lève ou ferme les yeux sans réflexion. *L'idée est devenue mouvement.*

Si je répète cette injonction plusieurs fois, le sujet aura le temps de réfléchir, de se défendre contre elle, d'évoquer lui-même une idée contradictoire, qui neutralise sa tendance première à obéir ; il y fera inhibition.

Une musique dansante fait vibrer notre corps à l'unisson ; si on se laissait aller, comme l'enfant le fait, si l'attention n'intervenait pas pour réprimer la tendance, on danserait, automatiquement, entraîné par la sensation auditive. C'est *l'image acoustique devenue mouvement.*

Si je dis à quelqu'un : « Vous avez une puce sur le front », il sent parfois la piqûre de l'insecte fictif et y porte la main. *C'est l'idée devenue sensation.*

Les bâillements, les nausées, les tics, chez les enfants surtout, peuvent devenir contagieux. C'est *l'image psychique d'une sensation organique ou musculaire qui devient mouvement ou acte organique.*

Si j'entends le mot Napoléon, ou aéroplane, ou éléphant, l'image corrélative de ces mots tend à s'ébaucher. Chez certains sujets ou dans certains états d'âme, par exemple pendant l'évolution du sommeil, cette image devient plus éclatante, parfois réelle comme dans le rêve. C'est *l'idée devenue image ou hallucination.*

Suivez la physionomie d'un lecteur qui lit un drame passionnel accidenté et vous verrez souvent sa physionomie refléter successivement tous les mouvements d'âme, gaîté, tristesse, frayeur, étonnement, etc..., que la lecture évoque. C'est *l'idée devenue émotion et expression de figure corrélative de cette émotion.*

L'idée peut aussi, comme nous le verrons plus loin, *inhiber des sensations, des mouvements, des actes,* créer, par exemple, de l'anesthésie, de l'amblyopie, de la paralysie, de l'aphonie psychiques. Au lieu de créer des dynamismes, *elle neutralise des dynamismes existants.*

C'est sur cette loi de l'idéo-dynamisme que j'ai établi la doctrine de la suggestion.

Mais l'idée n'évoque pas seulement de la sensibilité, des mouvements, des images, des émotions, elle évoque aussi d'autres idées. Un mot perçu par mon cerveau, Napoléon, Rome, Joconde, outre l'image psychique qu'il crée, peut réveiller une série d'idées attachées à ce mot par des souvenirs, des associations, des impressions diverses ; et ces idées nouvelles évoquées peuvent en appeler d'autres ; toute une évolution d'idées et de manifestations psychiques peut ainsi, à la suite d'un mot entendu, se dérouler dans le cerveau par l'élaboration automatique de la pensée. Sans doute chacune de ces idées, nous pouvons, jusqu'à un certain point, la contrôler, l'analyser, la modifier en y portant notre attention. Il n'en est pas moins vrai que dans leur éclosion, il y a quelque chose d'automatique, de spontané et indépendant de la volonté.

Même alors que nous nous replions sur nous-mêmes, que nous réfléchissons activement pour chercher nos idées, pour les faire éclore, nous avons conscience que cette réflexion n'est qu'une certaine fixité, une certaine tension nerveuse, une attention active et concentrée, à la faveur de laquelle des idées surgissent spontanément, idées variables chez chacun, suivant ses souvenirs, son éducation, son atavisme, sa modalité psychique native et acquise, c'est-à-dire suivant son individualité.

Écoutez un orateur puissant improviser un discours ou une conférence, et considérez le travail prodigieux qui s'élabore dans son cerveau, pendant qu'il parle avec volubilité. On dirait qu'il jette dans ce cerveau quelques idées directrices pour l'allumer, comme il jetterait des combustibles dans un four. Au choc dè ces idées, d'autres idées naissent et fermentent, des souvenirs associés se réveillent, et toute cette idéation s'agrandit, se développe, se transforme, évolue incessamment comme un fleuve qui coule. L'idée sollicite automatiquement la parole, qui s'agence en phrases, et cette parole sollicite en même temps des idées nouvelles. Symbole de l'idée, elle suggestionne l'orateur, elle l'enflamme, l'émotionne, fait vibrer son âme. D'abord parole intérieure, elle actionne automatiquement l'innervation centrifuge qui l'exprime, et devient parole articulée.

En même temps qu'elle actionne la phonation, elle actionne l'organisme tout entier, qui donne à cette parole son expression, son intonation, son accent, tour à tour énergique, enflammé, doux, caressant, ému, en un mot toute son âme, avec la physionomie, la mimique, l'attitude, les gestes qui traduisent sur le corps les passions incarnées dans cette parole. Et toute cette parole peut s'épanouir avec une flore littéraire, expression et parure de l'idée.

Il est conscient, l'être sentant et pensant, dont le cerveau, stimulé par son initiative, évoque cette merveilleuse évolution de pensées et de paroles, qui se déroule sans effort apparent et souvent avec une vitesse telle qu'elle ne semble pas laisser au cerveau le temps de la réflexion.

Sans doute le mécanisme de ce travail est automatique dans une grande mesure. Mais cet automatisme est inspiré par une âme qui s'y associe étroitement, qui le fait jouer et en modifie sans cesse le jeu, de façon qu'il exprime et réflète toujours l'être conscient dont il est l'expression.

Chez tel autre sujet, moins orateur, l'idéation est moins abondante et plus lente, sa traduction en parole intérieure est plus laborieuse, la parole extérieure elle-même peut se réaliser moins rapidement. Tous les processus de la pensée et de la parole, ou certains de ces processus, s'élaborent moins vite. Le psychisme ou l'automatisme corrélatif fonctionne avec plus de lenteur. C'est une autre intelligence; c'est un autre instrument; c'est une autre qualité de cerveau, ce qui ne veut pas dire qualité inférieure, car les idées lentes à évoquer, lentes à s'exprimer, peuvent être de qualité supérieure.

Tels sont les faits qui s'imposent à notre observation ; je les constate, sans les interpréter.

Si les produits intellectuels varient avec chaque cerveau, les produits dynamiques consécutifs aux impressions psychiques varient aussi ; comme les idées, ils sont subordonnés à l'atavisme, à l'âge, à l'expérience, à la culture, à l'individualité. L'éducation de l'enfance et l'expérience de la vie modifient les modalités cérébrales et l'idéo-dynamisme. L'enfant, qui criait et trépignait de colère quand on résistait à ses caprices, est discipliné par l'éducation et obéit de bonne grâce. L'adulte non cultivé qui n'avait que des idées personnelles et égoïstes dirigeant ses actes, a pu puiser plus tard, dans l'éducation scientifique, philosophique ou religieuse, un idéal intellectuel plus élevé qui améliore les produits de sa réflectivité idéo-dynamique.

L'éducation, d'ailleurs, peut modifier aussi la réflectivité excitomotrice spinale en apprenant au cerveau conscient à intervenir pour régler et modérer l'automatisme de la substance grise médullaire. Le chatouillement sera mieux supporté et provoquera moins de réflexes, la titillation de la muqueuse nasale ne produira plus d'éternuement ; celle de la gorge ne produira plus de nausées, chez un sujet familiarisé avec ces manœuvres et dressé à les supporter. « Si je me retenais pas, je te battrais », cette phrase exprime bien l'inhibition que la volonté éduquée fait à la tendance idéo-dynamique impulsive d'un individu en colère.

L'enfant marche au tambour et au son de la musique. L'homme du peuple, simple et impulsif, suit encore automatiquement. L'adulte cultivé et mondain, suggestionné par les conventions sociales, résiste à la tentation et ne suit pas. Le psychisme actif éduqué réprime chez lui l'automatisme instinctif excito-moteur. Il est inutile, je pense, de développer plus amplement ces idées, qui découlent d'une observation élémentaire.

Pour interpréter ces faits, on a invoqué une *intellectualité consciente* et une *intellectualité inconsciente*. Cette thèse a été développée avec beaucoup de talent par Grasset. La première, qu'il appelle *psychisme supérieur*, émanerait du moi conscient qui agit librement, qui dirige volontairement ses idées et ses actes. Ce psychisme supérieur a son siège, pense-t-on, dans le lobe frontal antérieur du cerveau, qu'on peut appeler schématiquement, *l'étage supérieur du cerveau*.

La seconde, intellectualité inconsciente, qu'il

appelle *psychisme inférieur* ou *automatisme supérieur*, n'émanerait pas du moi conscient. Ses actes ne seraient ni voulus, ni libres ; ils seraient involontaires et automatiques, comme les actes réflexes ; ils seraient cependant psychiques et coordonnés.

Ce psychisme inférieur inconscient aurait son siège dans la région des centres corticaux, dans le polygone tracé schématiquement par une ligne réunissant ces centres, à peu près dans le tiers moyen de l'écorce cérébrale. On admet, en effet, que cette écorce contient des centres corticaux moteurs, pour les membres supérieurs, les membres inférieurs, la parole articulée, l'écriture, lesquels reçoivent du domaine psychique situé dans l'étage supérieur, par des fibres centrifuges, l'idée des mouvements fonctionnels, et les transmettent aux noyaux spinobulbaires, dont l'association les réalise par les nerfs moteurs. L'écorce cérébrale contient aussi les centres corticaux sensoriels, de la vision, de l'audition, de la gustation, de l'olfaction, du sens tactile, recevant des organes correspondant par des fibres centripètes les impressions sensitivo-sensorielles. Dans ces centres les impressions sont perçues ; mais *simplement perçues sans être comprises*. L'objet est vu, le mot entendu, comme s'ils l'étaient pour la première fois. Pour être interprétée et devenir idée, cette impression doit être transmise et élaborée, comme nous le verrons, plus loin, dans le domaine psychique de l'étage supérieur.

Pour Grasset, cette association des centres corticaux moteurs et sensoriels constituant le polygone, siège du psychisme inférieur, en relation avec la périphérie, réalise des actes coordonnés, automatiques, intelligents, mais non conscients. Ils ne deviennent conscients que si son activité se communique au domaine psychique supérieur, au lobe frontal antérieur.

Le polygone seul réaliserait donc un psychisme inconscient, dont les actes seraient accomplis avec mémoire et intelligence, bien que le moi n'y participe pas. On peut, dit Grasset, penser et lire avec son polygone, inconsciemment, en pensant à autre chose.

Dans la distraction, dans le sommeil, dans l'état de suggestion, le psychisme inférieur seul agit ; il construit le roman des rêves ; il peut même réaliser des actes assez complexes ; il peut marcher, conduire une voiture, continuer une route à cheval, etc., créer une vie active purement automatique : la vie du somnambule.

Cette doctrine du psychisme inconscient, déjà admise par Prosper Despine[1], a séduit beaucoup de médecins et de psychologues, comme l'éminent

---

1. Prosper Despine. Etude scientifique sur le somnambulisme. Paris, 1880. F. Savy, éditeur.

professeur de Montpellier et Paul Janet. Peut-on avec cette conception expliquer les phénomènes de la distraction, du sommeil, des rêves, du somnambulisme, de la suggestion, de l'hypnotisme?

Sans doute, quand on est distrait, on peut continuer à parler et à lire, sans en avoir conscience, sans savoir ce qu'on dit et ce qu'on lit, en pensant à autre chose ; mais dans ces cas, la mémoire ne fait qu'extérioriser des paroles déjà préparées et qui continuent à s'échapper pendant la période courte de distraction; ou bien la parole continue à exprimer les images graphiques déjà recueillies par les yeux ; il n'y a pas d'effort intellectuel.

Mais peut-on, quand on est distrait, par le psychisme inconscient seul sans y penser, dire et écrire des choses nouvelles, personnelles, qui exigent une certaine tension d'esprit, qui ne soient pas simplement répétées ou copiées? Je ne le pense pas.

On peut bien, distrait et sans y penser, continuer son chemin à pied ou à cheval, quand c'est sur une route familière qu'on suit machinalement. Mais pour peu qu'il faille changer de direction et chercher son chemin, que *l'initiative doive intervenir*, je ne pense pas que cette initiative puisse être inconsciente et involontaire.

Peut-on soutenir une conversation par le psychisme inconscient?

Pour répondre à une question et parler, il faut entendre la question, il faut que cette question entendue actionne le psychisme et soit comprise, il faut que ce psychisme actionné évoque l'idée de la réponse, il faut que cette idée évoque les images acoustiques corrélatives, c'est-à-dire se traduise en parole intérieure, il faut que cette parole intérieure soit transmise par la volonté au centre bulbaire qui la réalise. Sans doute dans ces opérations complexes, comme dans toutes les opérations psychiques, nous l'avons vu, l'automatisme intervient pour une part. Mais que *tout* ce mécanisme se fasse machinalement par le seul automatisme intelligent des centres corticaux sensoriels et moteurs associés en polygone, sans collaboration de la conscience et de la volonté, même quand il y a élaboration d'idées, c'est ce que je ne puis admettre, ni comprendre.

Pour se rendre compte du rôle que ces centres corticaux jouent dans le mécanisme de la parole intérieure, comme je le conçois, voyons brièvement comment cette fonction se développe chez l'enfant et s'accomplit chez l'adulte. Je prononce devant l'enfant du premier âge un mot qu'il entend pour la première fois, le mot sucre, par exemple. L'impression, recueillie par le nerf auditif, est transmise par lui au centre cortical auditif, centre de perception sensorielle simple. Le mot est entendu, mais il n'a aucun sens pour l'enfant, il ne dit rien à son entendement. C'est un simple bruit. Si je répète le mot à plusieurs reprises devant l'enfant, il finit par lui devenir familier ; il réveille en lui *l'idée : déjà entendu.* Le souvenir, l'image acoustique du mot existe dans son cerveau et se réveille dans la sphère psychique. C'est déjà un phénomène psychique et conscient. C'est du psychisme inférieur à son plus faible degré. Je n'appelle pas cela de l'automatisme supérieur.

Si ensuite, en même temps que je prononce le mot sucre, je fais voir à l'enfant l'objet sucre, si je répète cela plusieurs fois, l'enfant finit par associer l'image auditive du mot à la vision de l'objet, le mot à la chose, si bien que le mot sucre éveille dans son cerveau l'image visuelle du sucre et réciproquement. Je puis, de même, associer au mot la sensation tactile produite par la palpation du sucre, la sensation gustative produite par le sucre mis dans la bouche de l'enfant, si bien que la palpation ou la gustation du sucre évoque le mot sucre et son image visuelle et réciproquement. Ainsi se constitue *l'interprétation du mot sucre par synthèse des images visuelle, tactile et gustative.* Toutes ces images souvenirs sont évoquées, je pense, non dans les centres corticaux, qui perçoivent sans interpréter, mais dans un domaine autre, qui est le domaine psychique. Quand l'enfant a ainsi appris à faire cette synthèse par l'habitude d'évoquer des *images souvenirs associées*, le mot sucre prononcé devant lui et que son centre cortical de perception entendait d'abord comme simple bruit, a pris sa signification ; il a pénétré dans le domaine psychique, il signifie un objet qui a une certaine représentation visuelle, tactile, gustative. C'est encore là du psychisme inférieur, si l'on veut, mais déjà supérieur au précédent.

Si plus tard l'enfant, plus éduqué, voit le sucre, et évoquant sa sensation gustative, désire le sucer, et si pour arriver à son but, il ouvre la bouche et tend la main pour le prendre, ou si pour qu'on le lui donne, il câline sa mère et fait des grâces, sachant, par expérience, que le moyen est efficace, il y a là, associés à des actes réflexes automatiques, des actes psychiques conscients et voulus. C'est encore là du psychisme inférieur, mais déjà plus complexe.

Chez l'adulte cultivé dont le cerveau est meublé de notions acquises et de souvenirs, le mot sucre après avoir évoqué, comme chez l'enfant, son interprétation par souvenirs sensoriels associés peut faire naître, en outre, une série d'idées et de réflexions sur le sucre, ses diverses variétés, son prix, son mode de fabrication, son rôle dans l'alimentation, sur la glycogenie, etc.. Toutes ces idées multiples, variables, relatives au sucre, naissent spontanément, ou sont réveillées par la réflexion, par l'évocation active des souvenirs. C'est là du psychisme supérieur qui peut solliciter toute l'activité cérébrale. Tout le domaine psychique est en jeu.

Mais dans tous ces cas, qu'il s'agisse de psychisme inférieur ou supérieur, c'est toujours le domaine psychique conscient qui est actionné par l'audition du mot sucre ; c'est toujours un phénomène de conscience actif et intelligent, qui ne saurait se passer uniquement dans la région des centres de perception pure.

L'idéation consciente est évoquée par les perceptions qui ont franchi le domaine des centres corticaux et abouti au domaine psychique. Elle est variable d'ailleurs d'intensité, de complexité, de manifestations, d'évolution, comme nous l'avons vu, suivant chaque individualité. L'enfant qui n'a pas d'idées abstraites et peu de notions acquises, ne manifeste qu'un psychisme élémentaire, inférieur. L'adulte peu cultivé manifeste une activité intellectuelle, moins riche en idées, plus restreinte, que l'adulte cultivé dont le cerveau est meublé de connaissances. C'est toujours du psychisme.

Mais chaque psychisme, actionné par une impression, ne donne que ce qu'il a, ce qu'il peut donner. L'idée évoquée par lui peut rester primi-

tive, localisée dans une sphère étroite; ou, au
contraire, elle peut s'étendre, se diffuser, réveiller
spontanément, ou par l'attention concentrée du
sujet, une évolution d'idées connexes, complexes,
qui s'enchaînent, se déduisent les unes des autres
et constituent ce qu'on peut appeler le psychisme
supérieur.

Mais on dit : Ce n'est pas l'intensité et la complexité des phénomènes psychiques qui font la
distinction entre psychisme supérieur et inférieur,
ce n'est même pas la conscience ou l'inconscience.
Le psychisme inférieur inconscient peut créer une
association d'idées et d'actes complexes qui impliquent de l'intelligence. Tels seraient, dit-on, les
rêves du sommeil, les phénomènes du somnambulisme, de l'hypnotisme, de l'hystérie. Ces actes,
bien que coordonnés et psychiques, seraient le
plus souvent inconscients. Alors même qu'ils sont
conscients, ils seraient cependant automatiques,
ils évolueraient en dehors de la volonté, par cérébration passive, sans initiative intellectuelle. La
conscience, quand elle existe, ne serait qu'un élément surajouté. La machine humaine agirait par
son organisation, sans être dirigée, comme à l'état
normal, par les facultés de contrôle, l'attention, le
raisonnement, le jugement, qui n'existent plus dans
ces états.

En somme, la cérébration active et libre, cons-

ciente, avec contrôle et volonté, serait le psychisme
supérieur. La cérébration passive, sans contrôle
ni volonté, automatique, avec ou sans conscience,
serait le psychisme inférieur.

Mais ces deux modes de cérébration sont-ils
bien tranchés ? Entre l'idéation active et passive,
comme on les définit, toutes les transitions
existent. Entre l'idéation dirigée par un contrôle
parfait, une initiative absolument libre, et celle
dirigée uniquement par l'automatisme spontané et
sans volonté, on observe tous les intermédiaires.
Le contrôle peut être très actif, imparfait, partiel,
nul ; la conscience intervient, ou assiste simplement, sans intervenir; ou bien elle est absente. Les
deux cérébrations, le plus souvent, s'associent.
Peut-on accomplir, d'ailleurs, des actes psychiques
prolongés et compliqués, non habituels, par simple
automatisme, et même, dit-on, sans conscience ?
Faut-il différencier les actes psychiques qui
seraient réalisés seulement par l'étage inférieur ou
polygone de Grasset, inconscient, de ceux qui sont
réalisés avec le concours du psychisme supérieur
qui, seul, serait conscient, libre, raisonné ? Est-il
nécessaire d'admettre une localisation différente
dans le cerveau pour ces deux modes de
cérébration?

CHAPITRE III

Automatisme. — Sommeil et rêves. Somnambulisme spontané.

Ce sont surtout les rêves du sommeil, les phénomènes du somnambulisme spontané ou provoqué, ceux de l'hypnose et de la suggestion, qui ont imposé l'idée de cérébration passive, automatique et inconsciente.

Voici un sujet qui paraît profondément endormi. Il semble dépourvu de volonté et de conscience : et cependant son cerveau construit un roman complexe, accidenté, incohérent.

Un autre sujet met son rêve en action et fait du somnambulisme. Il grimpe sur les meubles, poursuit un ennemi imaginaire, commet toutes sortes d'actes extravagants et bizarres qui semblent dictés par des impulsions folles, des illusions, des hallucinations.

Tel autre accomplit des actes raisonnables. Une

domestique se lève, fait son ménage, balaye, allume
le fourneau de cuisine, etc., puis se recouche et le
lendemain n'a souvenir de rien. Un écolier se
lève, va à son bureau, cherche ses livres et ses
cahiers, écrit son devoir, se recouche, et le lendemain est tout étonné de le trouver écrit.

Un compositeur écrit pendant son sommeil une
sonate qui peut être un chef-d'œuvre.

Tous ces actes raisonnables ou déraisonnables,
intelligents ou fous, sont-ils accomplis par l'automatisme inconscient ?

Les rêveurs, les somnambules naturels ou expérimentaux, les sujets en état de suggestion ou
d'hypnotisme, sont-ils de purs automates ?

Que leurs actes ne soient pas déterminés par la
volonté *libre*, que cette volonté soit actionnée par
des impressions et des idées qui leur sont imposées
et qu'ils ne peuvent pas contrôler, qu'ils ne soient
pas responsables, qu'il y ait un *certain degré d'automatisme*, cela est certain. Mais ils agissent
consciemment, bien que leur conscience soit faussée
par des erreurs : ils raisonnent, bien que leur raisonnement soit égaré par des données psychiques
primitives illusoires : ils savent ce qu'ils font, bien
qu'ils obéissent à des impulsions souvent irrésis-
tibles : ils restent des êtres pensants et conscients,
comme les aliénés qui ont une maladie de la pensée, mais qui ne sont pas cependant automates. Le

psychisme malade ne cesse pas d'être du psychisme.

Un mot sur le sommeil et les rêves. Les rêves
ne sont pas inconscients, puisqu'au réveil, le plus
souvent nous gardons le souvenir de tous les faits
qui se sont déroulés dans notre imagination, que
nous avons cru réels, et des réflexions qu'ils ont
provoquées dans notre esprit, sollicité par eux à
prendre une décision.

D'ailleurs, ces rêves ont-ils lieu pendant l'inconscience du sommeil profond? Je ne le pense
pas; ils ont lieu à une *certaine période de l'évolution du sommeil, alors qu'il n'est pas encore
complet, alors que la conscience n'est pas encore
abolie.*

En général, le sommeil se produit en nous graduellement. Une sensation de torpeur agréable,
physique et psychique, une douce somnolence nous
envahit. Alors on s'abandonne dans l'immobilité,
on clôt les paupières, on s'isole de toute impression
extérieure. Bientôt l'activité cérébrale volontaire,
la vie intellectuelle active actionnée par les facultés
d'attention et de raisonnement, le contrôle cérébral s'affaiblit, s'engourdit : seule l'*activité cérébrale passive*, involontaire, actionnée par l'imagination, la vie des rêves, fonctionne.

A l'état de veille, l'imagination travaille aussi :

elle évoque incessamment des réminiscences, écloses comme des rêvasseries vagues, qui se font jour aussitôt que l'attention ne veille plus ; mais elles sont balayées par le contrôle. Quand celui-ci est engourdi par le sommeil, et que la cérébration passive seule veille encore, ses élucubrations incohérentes, non réprimées par la raison, deviennent des rêves, des autosuggestions souvent hallucinatoires. C'est ce rêve, amas d'idées souvenirs évoquant des images sensorielles, qui constitue le phénomène dominant dans cette période d'évolution du sommeil qui affecte le psychisme actif et n'affecte pas encore le psychisme passif, la vie d'imagination.

Plus tard, si le sommeil se complète, cette vie d'imagination qui enfante les rêves disparaît à son tour ; et alors c'est l'inconscience complète, le silence cérébral.

De même pendant l'évolution régressive du sommeil, à mesure que le sujet se réveille graduellement, c'est la cérébration passive, la vie psychique d'imagination qui sort la première de son sommeil : les rêves réapparaissent plus ou moins colorés. Peu à peu, la cérébration active, la vie intellectuelle volontaire, le contrôle se réveille : le sujet se ressaisit, les rêves s'évanouissent à la lumière de la conscience complète ; le psychisme actif éteint le psychisme passif.

On peut dire avec Chambard : « Le rêve du

matin n'est qu'un réveil incomplet déterminé par une excitation intérieure survenant spontanément et arrêté pendant un temps plus ou moins considérable à l'une des phases de son évolution. » [1] J'ajoute : Le rêve du soir (début du sommeil) n'est qu'un sommeil incomplet à l'une des phases de son évolution.

L'aptitude aux rêves n'est donc pas en rapport avec la profondeur du sommeil. Elle ne se manifeste que dans le sommeil incomplet, alors que le psychisme existe encore, mais passif, non contrôlé par les facultés actives de raison. On peut même dire, je pense, que plus le rêve est vécu, senti, c'est-à-dire plus il produit de sensations, d'émotions, de réactions et *plus le sujet manifeste, moins il dort.*

Il y a des rêves passifs ; le dormeur y assiste, inerte, sans en être affecté, sans en subir l'émotion, comme s'il ne s'agissait pas de lui, ou comme si c'était un autre lui ; il semble qu'il ait une conscience obscure de son dédoublement de personnalité.

D'autres fois, le dormeur s'identifie avec son rêve, comme avec une réalité, qu'il subit, et qui réveille toute sa vie émotive. L'émotion ressentie peut être tellement intense, qu'elle réveille complètement le

---

1. Chambard. *Article Somnambulisme, Dictionnaire encyclopédique des Sciences médicales.*

dormeur. Qui n'a pas eu de ces rêves terrifiants se traduisant par un affreux cauchemar, pendant lequel le rêveur se réveille brusquement, et, revenu à son état de conscience normal, éprouve le soulagement d'être délivré de son étreinte angoissante !

Mais le rêve vécu, quand il n'est pas émotif de sa nature, ne comporte pas de choc nerveux aussi brusque, et susceptible de ramener le réveil complet avec conscience normale. Cependant bien que non émotive, l'impression intense de ce rêve, sans ramener complètement cette conscience normale, peut réveiller la vie de relation. Le sujet, sorti de son inertie, mobilisé, continue à vivre son rêve : il le vit activement, il le met en action. *Ce rêve en action constitue le somnambulisme.*

Le dormeur qui va et vient, fait des actes raisonnables ou déraisonnables, l'étudiant qui se lève, va faire des calculs ou rédiger des formules chimiques, le musicien qui joue du piano ou écrit des compositions musicales, le prêtre qui rédige un sermon et corrige les fautes de style et d'orthographe, Voltaire modifiant heureusement pendant son sommeil le premier chant de la Henriade, un écuyer qui harnache son cheval, le monte et fait une promenade en évitant les obstacles à travers des chemins qui ne lui sont pas très familiers, un professeur qui fait une leçon devant des élèves

imaginaires, etc., tous ceux qui, pendant l'évolution du sommeil, réalisent la conception de leur
rêve avec intelligence et mettent à son service leur
activité physique et psychique, que leur reste-t-il
du sommeil? L'état de suggestion, tel que le rêve
du demi-sommeil le produit, qui se continue et l'amnésie consécutive. Il n'a plus en réalité aucun signe
du sommeil. Ce n'est pas un automate inconscient qui
agit; il sait ce qu'il fait et le fait souvent avec
ingéniosité. Il ressemble absolument à un sujet
expérimentalement suggestionné à l'état de veille,
qui réalise les actes avec conscience, mais dont
l'état de conscience est faussé et dirigé à son insu
par les idées suggérées qui le dominent. Est-ce du
sommeil? C'est, je le sais, une question de définition. Suggestion à l'état de veille serait synonyme
de sommeil. Mais quand on voit un sujet impressionné par l'activité du rêve qu'il a édifié pendant
son demi-sommeil, ouvrir les yeux, se lever, ambuler,
comme un homme éveillé, peut-on dire qu'il dort
encore, parce qu'il n'est pas revenu à son état de
conscience normal, parce qu'il garde encore l'autosuggestion de son rêve, à l'état de veille active ?
C'est la *veille somnambulique, continuant le rêve
élaboré dans le demi-sommeil.*

Ce somnambulisme, plus ou moins prolongé après
le sommeil, peut être, comme le rêve qu'il continue,
incohérent, extravagant, hallucinatoire. Les fan-

taisies créées par l'imagination sont tellement colorées que le contrôle trompé par elles ne peut que les confirmer.

Le somnambulisme consécutif au sommeil peut, d'autres fois, comme le rêve qui le détermine, être constitué par des idées et des actes raisonnables, bien coordonnés, sans illusion, ni hallucination. Quand une femme rêve de son ménage, et sous l'impulsion de son rêve, se lève, arrange sa salle à manger, prépare les couverts, met en ordre son linge, et tout cela avec soin et méthode, elle fait, dans cet état de veille somnambulique, des actes raisonnables en eux-mêmes, mais qui n'ont aucune raison d'être faits actuellement : ils sont commandés par l'autosuggestion.

Les idées raisonnables de l'état de veille peuvent aussi continuer à être élaborées pendant l'évolution du sommeil, sans somnambulisme, alors que le sujet conserve l'apparence d'un dormeur inerte. Un psychisme plus pénétrant peut même réaliser ce que celui de la veille ne pouvait résoudre. La nuit porte conseil, dit-on. On s'endort, l'esprit occupé à la solution d'une question ou à l'élaboration complexe d'un travail intellectuel. L'idée dominante peut rester dans le cerveau pendant l'évolution du sommeil. Vague et flottante pendant la période de cérébration passive dite automatique, comme une rêvasserie, à mesure que les facultés coordinatrices d'attention se réveillent, cette idée peut être activement élaborée, raisonnée, contrôlée, amplifiée, associée à d'autres idées connexes. Pendant cette période d'évolution du réveil, le cerveau actif, restant concentré sur la question, suggestionné par elle, peut trouver ce qu'il cherchait et achever son travail. Revenu à son état de conscience normal, quelque temps après le réveil, quand cette concentration de l'esprit a disparu et que le sujet a conscience de son réveil complet, il trouve dans son cerveau la solution, les idées ou leur expression, qu'il avait infructueusement cherchées avant le sommeil.

C'est parce que l'esprit n'était plus distrait par les impressions du monde extérieur, ni dispersé sur d'autres idées, mais sollicité par la seule question dominante, que toute la force vive cérébrale a pu éclairer la question de ses lumières.

Dans ce cas, il n'y a pas eu de somnambulisme ; le rêve n'était pas en action. Mais si cette activité cérébrale féconde réveille la vie de relation et appelle à son aide l'activité physique, le sujet peut se lever, aller à sa table de travail, prendre la plume, écrire, élaborer ses idées, non seulement dans son cerveau, mais sur le papier, et trouver dans son état de conscience normal revenu le travail accompli, à sa grande surprise. Dans ce cas, il y a du somnambulisme, le rêve est en action. Mais dans les deux cas, c'est la cérébration active, avec ou sans somnambulisme, c'est-à-dire avec ou sans le concours de l'activité physique développée par la vie de relation réveillée, qui a fait acte de psychisme supérieur ; et ce psychisme était conscient, malgré l'amnésie consécutive ; ce n'est pas de l'automatisme. Cette assertion sera confirmée plus loin par les expériences de suggestion provoquée.

A l'appui de ce qui précède, citons quelques exemples : Coleridge s'endormit en lisant et, à son réveil, il sentit qu'il avait composé quelque chose comme deux ou trois cents vers, qu'il n'avait qu'à écrire, les images naissant comme des réalités, avec les expressions correspondantes, sans aucune sensation, ni conscience d'effort. L'ensemble de ce singulier fragment comprend cinquante-quatre lignes, qui furent écrites aussi vite que la plume pouvait courir. Interrompu pendant qu'il écrivait par une visite qui dura une heure, l'auteur ne retrouva plus la suite après cette visite : les souvenirs étaient devenus vagues.

Est-ce l'automatisme inconscient qui avait déposé ces vers dans son cerveau? N'est-ce pas son psychisme conscient, pendant l'évolution du réveil, qui avait travaillé, avec le retour des facultés coordinatrices?

« J'ai connu, dit Eugène Yung[1], un étudiant qui, dans l'époque qui précède les examens, travaillait avec une grande ardeur, se couchait à une heure avancée de la nuit, s'endormait, puis se relevait et reprenait inconsciemment son travail, lisait, écrivait, retournait se coucher, puis se réveillait complètement, était surpris de trouver son ouvrage plus avancé que la veille, le surplus ayant été ajouté dans un moment de complète inconscience ».

Est-ce l'automatisme qui a étudié, lu et écrit ? Il y a eu amnésie, après le réveil complet.

Il nous arrive à tous, quand un sujet d'études nous a préoccupés le jour, de le ruminer dans le silence de la nuit, alors que, engourdis et étrangers aux impressions extérieures, notre attention est concentrée sur ce sujet. De temps en temps, une nouvelle idée ou une expression appropriée surgit ; des idées associées peuvent s'y ajouter. Pour ne pas en perdre le bénéfice, quelquefois on se lève et on va à sa table de travail enregistrer ce produit psychique ; puis on se recouche, on rumine encore et on finit par s'endormir complètement. Au réveil, on se souvient. Quelques-uns, plus engourdis, ou plus concentrés, ne se souviennent de rien. Mais qu'il y ait amnésie ou non, l'acte est le

1. Eugène Yung. *Le sommeil normal et le sommeil pathologique*. P. 56. Paris: O. Doin, 1883.

même. Amnésie ne veut pas dire inconscience, ni automatisme.

Le psychisme actif, pendant l'évolution du sommeil, alors que ce sommeil est incomplet, peut s'associer aux rêves hallucinatoires. Ainsi en est-il dans les deux observations suivantes :

« Le célèbre compositeur Tartini s'était endormi après avoir essayé en vain de terminer un morceau de musique. Cette préoccupation le suivit dans son sommeil. Au moment où il se croyait de nouveau livré à son travail et désespéré de composer avec si peu de verve et de succès, il voit tout à coup le diable lui apparaître et lui proposer d'achever son acte, s'il veut lui abandonner son âme. Entièrement subjugué par son hallucination, il accepte le marché proposé par le diable et l'entend très distinctement exécuter sur le violon cette sonate tant désirée, avec un charme inexprimable ; il se réveille alors dans le transport du plaisir, court à son bureau et écrit de mémoire le morceau. » [1]

Est-ce le diable, est-ce l'automatisme inconscient du compositeur, développé par l'hallucination qui a fait la sonate ? N'est-il pas vraisemblable que le rêve hallucinatoire a été évoqué pendant le demi-sommeil par Tartini, préoccupé et désespéré de sentir son travail impuissant, qui appela le

1. Grasset. Leçons de clinique médicale, 1903. P. 466.

diable à son aide et échafauda son rêve, corrélatif de ses préoccupations. Puis, pendant la période régressive du sommeil et la restauration des facultés de coordination, la cérébration plus active et plus concentrée put réaliser la sonate désirée. L'hallucination du rêve persistant comme une autosuggestion à cette période, il entendait le diable exécuter la sonate que son cerveau élaborait lui-même.

De même au milieu de la nuit, Schumann se leva hagard et prêta l'oreille à des sonorités étranges, effrayantes, et Schubert lui apparut, porteur d'un thème qu'il voulut noter sans retard. Le thème envoyé par les mânes de Schubert, en mi bémol majeur, parut dans le volume complémentaire des œuvres de Schumann.

Dans ce cas encore, c'est le thème élaboré par le cerveau actif de Schumann lui-même, pendant son demi-sommeil, qui s'associe au rêve hallucinatoire de Schubert lui apportant ce thème.

Les autosuggestions hallucinatoires, qui naissent pendant le sommeil ou même à l'état de veille, par l'exaltation de certaines idées dans les cerveaux prédisposés, peuvent coexister d'ailleurs avec un psychisme actif et fécond.

Dans ces deux cas, les sujets réveillés avaient souvenir de leur rêve, puisqu'ils ont pu en rendre compte; je ne puis donc admettre qu'ils fussent absolument inconscients.

Et cependant, les auteurs citent ces deux observations comme des exemples d'inspiration, *d'inspiration automatique et inconsciente* ou au moins
subconsciente.

Pour Régis, c'est un état particulier, difficile à
définir, tenant le milieu entre le sommeil et la
veille, entre la conscience et l'inconscience : sorte
de rêve somnambulique ou, comme on dit, de
subconscience.

Chabaneix montre le subconscient apportant une
idée, une émotion créatrice se manifestant par des
actes, et donnant naissance à des œuvres de longue
haleine. C'est là le phénomène d'inspiration, la
création automatique.

Ribot accepte cette opinion. « Inspiration, dit-il,
signifie imagination inconsciente et n'en est même
qu'un cas particulier ». — « L'inspiration, dit-il
encore, ressemble à une dépêche chiffrée, que
l'activité inconsciente transmet à l'activité consciente, qui la traduit » [1].

J'avoue ne pas bien saisir cette conception. Qu'il
y ait une part d'automatisme dans toute évocation
d'idée, qu'elle soit géniale ou absurde, cela est
certain, comme je l'ai dit.

Que certains états d'âme, émotifs, enthousiastes,
mystiques, soient favorables à l'éclosion de cer-

1. Ces citations sont empruntées à Grasset, l. c, P. 467
et 468.

taines grandes idées qu'on appelle de l'inspiration,
cela est possible. Mais toutes les idées surgissent,
on peut le dire, de l'inconscient. Réfléchir pour
créer une œuvre, c'est concentrer son attention et
attendre que les idées surgissent.

Dans nos deux observations, Tartini et Schumann
avaient l'esprit tendu sur l'idée de leur thème musical. Quand les idées sont là, on peut les discuter,
les accepter, les rejeter, les modifier, suivant la
conception de son intelligence. Mais la création des
idées, qui viennent de la réflexion, est une *évocation spontanée* de l'esprit concentré. Sans doute,
le mécanisme de cette évocation est automatique
et inconscient. Mais le sujet qui l'a fait ne l'est pas.
On raconte qu'on demandait un jour à Newton
comment il avait découvert la loi de la gravi-
tation. Il répondit : « En y pensant toujours ».

En y pensant toujours, cela veut dire en gardant
l'idée dans la conscience et la ruminant. Car une
idée qui n'est plus dans la conscience, bien qu'elle
puisse se réveiller, n'existe pas actuellement et ne
produit rien. Une idée consciente, au contraire, et
qu'on rumine, éveille d'autres idées connexes, qui
se déclanchent de temps en temps automatiquement,
qui développent, modifient ou transforment l'idée
mère. Par quel mécanisme se fait ce déclanchement
d'idées associées, cette élaboration consciente
psychique ? C'est le secret de notre organisation.

CHAPITRE IV

Automatisme. — Hypnotisme. — État de suggestion.
Somnambulisme provoqué.

Les considérations que j'ai exposées sur le sommeil, les rêves et le somnambulisme naturel,
s'appliquent aussi à la suggestion, à l'hypnotisme et
an somnambulisme provoqué. *L'état de suggestion
ou hypnotique* est-il une cérébration purement automatique? Le sujet suggestionné ou hypnotisé
est-il une machine inconsciente actionnée par la
volonté du suggestionneur? L'hypnose est-elle un
sommeil pathologique qui automatise le sujet?
Pareille conception, résultant de l'observation incomplète faite sur certains sujets, est erronée.

Voici, brièvement exposé, le résultat de mes
observations. Quand on cherche à provoquer le
sommeil chez quelqu'un, soit par la suggestion
verbale de Liébeault, soit par le braidisme, qui
déterminant l'occlusion des paupières est une

invite suggestive au sommeil, quelquefois le sujet ferme les yeux et prend l'apparence du sommeil. Ce sommeil peut être réel et profond; c'est l'exception. Il ne diffère en rien alors du sommeil naturel. Le dormeur reste inerte, en résolution ; il ne répond pas aux questions. Si on l'abandonne à lui-même, il peut continuer à dormir, ronfler; il dort, et c'est tout, comme l'enfant endormi par la parole suggestive de sa mère.

Dans ce sommeil, tant qu'il est complet, le dormeur n'est pas suggestible; ses bras retombent inertes, si on les soulève. Il n'entend pas les questions qu'on lui pose, il n'a pas conscience. Si je continue à lui parler à voix plus ou moins haute, l'impression auditive est perçue, et cette perception répétée stimulant le cerveau inerte, comme tous les bruits, peut le réveiller. Ainsi en est-il aussi dans le sommeil spontané qui est identique.

Mais ce réveil peut être incomplet; alors, comme dans le demi-sommeil spontané, la conscience persiste obscure; le contrôle est absent ou affaibli, il y a prédominance de la cérébration passive, des facultés d'imagination. Dans cet état, le sujet devient suggestible et présente les manifestations dites hypnotiques, c'est-à-dire de suggestibilité. Le plus souvent, le sommeil provoqué, par la suggestion, le braidisme, ou les autres manœuvres suggestives, est d'emblée incomplet; la conscience n'est pas abolie, et dans ce cas la suggestibilité existe, alors qu'elle n'existe pas dans le sommeil profond et inconscient.

Autrefois, comme tous les médecins encore aujourd'hui, je considérais l'hypnotisme comme un sommeil spécial ayant des degrés divers, et dont les phénomènes dits hypnotiques étaient d'autant plus accentués que ce sommeil était plus profond. La suggestibilité me paraissait proportionnelle à la profondeur de ce sommeil. L'engourdissement simple, l'impossibilité d'ouvrir les yeux spontanément, la catalepsie plus ou moins développée, la contracture et l'anesthésie par suggestion, l'obéissance automatique, l'hallucinabilité hypnotique et posthypnotique avec amnésie au réveil, tels sont les phénomènes de suggestibilité qui marqueraient les degrés et étapes progressives de ce sommeil dit hypnotique.

L'observation des faits et la réflexion m'ont amené à modifier ma conception qui était celle de Liébeault. La suggestibilité créée dans le sommeil provoqué n'est pas proportionnelle à sa profondeur; c'est le contraire qui me paraît être plutôt la vérité. Tous les phénomènes qu'elle détermine sont des manifestations d'un *psychisme conscient* qui peut être faussé par la suggestion, mais qui n'est pas aboli; ils n'existent pas dans le *sommeil profond qui est inconscient et n'a plus de psychisme.*

La première de ces manifestations, qui a même été considérée comme caractéristique, c'est l'attitude cataleptiforme des membres, qui conservent la situation qu'on leur donne. Les bras mis en l'air avec flexion variable des articulations du coude et des doigts gardent souvent l'attitude imprimée. Cette catalepsie est tantôt flasque : une impulsion donnée au membre le fait retomber; tantôt elle est élastique : le bras résiste, mais suit l'impulsion sans tomber complètement et revient à sa place comme un ressort; tantôt elle est rigide et même tétanique : le bras est contracturé et résiste à l'impulsion.

Ce symptôme n'est pas dû à une modification dynamique des muscles ou de leurs nerfs : c'est un phénomène psychique ou suggestif, comme Liébeault l'a constaté. Le sujet conserve souvent l'attitude imprimée comme il garde l'idée suggérée; dépourvu d'initiative, il croit devoir la garder, parce qu'on la lui a donnée; il fait souvent un effort musculaire conscient pour la maintenir et résiste par une contracture plus ou moins intense aux efforts qu'on fait pour le modifier (catalepsie élastique ou rigide). L'attitude donnée au membre est pour lui une vraie *suggestion par le sens musculaire* qu'il réalise; c'est de l'idéo-dynamisme. Par la simple parole, on peut rompre cette catalepsie, quelque rigide qu'elle soit; et le bras tombe inerte.

Ce phénomène d'ailleurs est banal et n'a absolument rien de caractéristique pour l'hypnotisme. J'ai été étonné de constater combien on le trouve fré-quemment, quand on le cherche, à l'hôpital chez les malades divers ou les convalescents, à l'état de veille parfaite; et cela sans qu'ils l'aient vu réalisé par d'autres, sans qu'on puisse invoquer l'imita-tion. Les bras soulevés restent en l'air, figés dans l'attitude imprimée. Ceci arrive surtout chez les sujets qui n'ont pas beaucoup d'initiative; ils sont soumis; ils restent comme on les met.

D'autres ne présentent cette catalepsie que lors-qu'un état morbide a diminué leur activité céré-brale; on l'observe dans certaines maladies men-tales, avec stupeur et catatonie. Je l'ai constatée souvent dans la fièvre typhoïde, quand il y a un certain degré de torpeur cérébrale, je dis un certain degré seulement. Car tant que cette attitude cata-leptiforme existe, on peut conclure que le psy-chisme volontaire conscient, tout affaibli qu'il est, n'est pas aboli, puisque l'idée de maintenir le bras en l'air est une idée consciente, et que la volonté du sujet intervient pour la réaliser. Si chez le même typhique, l'adynamie cérébrale augmente, s'il y a stupeur complète avec suppression du psychisme, le bras soulevé retombe inerte, en résolution : il n'y a plus de catalepsie. Ce symptôme peut donc ser-vir à différencier la stupeur incomplète d'avec le coma, à montrer que le cerveau psychique n'est pas aboli; il montre aussi que le sommeil provoqué dit hypnose est incomplet et conscient.

La catalepsie est un phénomène de suggestion et la suggestion est un phénomène de conscience.

Les autres manifestations suggérées, contracture, anesthésie, mouvements, hallucinations, etc., pour qu'elles se réalisent, il faut que le sujet ait entendu la suggestion, l'ait comprise, et que son cerveau actionné par elle puisse la réaliser. L'accomplissement des actes ordonnés, la possibilité de marcher, de sauter, d'écrire, de parler, de faire une série de choses complexes, impliquant pour leur exécution de l'initiative et de la coordination d'idées, comme le font les sujets en somnambulisme expérimental, tout cela implique un psychisme actif et conscient, bien qu'il soit déterminé et faussé par la suggestion; tout cela implique une vie intellectuelle et une vie de relation : ce n'est ni le sommeil du corps, ni le sommeil de l'esprit.

Ce qui prouve d'ailleurs que tous ces phénomènes ne sont pas fonction d'un état spécial, dit sommeil hypnotique, c'est qu'on peut les provoquer à l'état de veille chez des sujets qui n'ont jamais été endormis et n'ont vu endormir personne. J'ai constaté[1] que chez les individus suggestibles, on

1. Bernheim. Hypnotisme et suggestion, 3ᵉ édition. Paris. O. Doin, 1910. P. 72.

obtient, par suggestion verbale à l'état de veille, les mêmes manifestations, anesthésie, hallucinations, actes commandés, etc., qu'on détermine chez eux à l'état de sommeil provoqué. Ce n'est donc pas ce sommeil qui crée la suggestibilité. État de sommeil et état hypnotique ou de suggestibilité ne sont donc pas deux états connexes. Aussi j'ai pu dire avec Delbœuf : *Il n'y a pas d'hypnotisme, il n'y a que de la suggestibilité.*

On a beaucoup critiqué cette assertion qui a été attribuée à un amour du paradoxe. On a dit : L'état de suggestion est de l'hypnotisme à l'état de veille. Il serait plus exact de dire : L'hypnotisme est de la suggestion à l'état de sommeil. Encore faut-il, comme je l'ai dit, que le sommeil soit incomplet.

Mais le sommeil n'est pas nécessaire pour créer les phénomènes de suggestibilité. On aurait pu découvrir directement ces phénomènes à l'état de veille, sans passer par l'intermédiaire non obligatoire du sommeil provoqué ; et alors le mot hypnotisme n'eût pas été créé. L'idée d'un état spécial magnétique ou hypnotique provoqué par des manœuvres spéciales ne serait pas attachée à ces phénomènes. La suggestion est née de l'ancien hypnotisme, comme la chimie est née de l'alchimie.

On dit encore : le sommeil hypnotique n'a pas seulement sa suggestibilité ; il a encore des symptômes organiques spéciaux qui le caractérisent.

J'ai montré [1] que ces symptômes assignés par la Salpêtrière au grand hypnotisme, la léthargie avec hyperexcitabilité musculaire, la catalepsie par occlusion des yeux, le somnambulisme par friction du vertex, n'existent pas en réalité et sont produits de culture suggestive obtenus chez des hystériques. Une ou plusieurs hystériques réunies, soumises brusquement à une lumière vive électrique ou à un bruit intense, tel qu'un coup de tam-tam, peuvent tomber en catalepsie, comme pétrifiées, figées dans l'attitude qu'elles ont. Ce n'est pas là de l'hypnotisme, c'est une crise d'hystérie qui peut se reproduire par autosuggestion émotive.

Chez d'autres, la crise ainsi provoquée par impression lumineuse ou auditive intense ou par un autre choc émotif, affecte la forme de sommeil hystérique avec résolution ou contracture; chez d'autres enfin, c'est la forme convulsive, dite hystéro-épilepsie. L'émotion déterminée par la seule tentative d'hypnotisme peut faire éclater une crise chez les sujets hystérisables; j'en ai vu qui avaient un accès, rien qu'en me voyant s'approcher doucement de leur lit, sans aucune intention, bien que j'eusse soin de les rassurer et de leur affirmer que je ne voulais pas les endormir.

Braid mentionne une période d'agitation qui

1. Bernheim l. c. P. 214.

peut précéder le sommeil hypnotique; Émile Yung[1], qui signale le fait, dit l'avoir constatée trois ou quatre fois avec agitation des membres, mouvements désordonnés des muscles de la face, paroles incohérentes témoignant d'hallucinations hypnagogiques. Finalement les membres se raidissent et tombent en catalepsie. Les paupières ne se ferment pas toujours. L'influence hypnotique n'est obtenue, dit-il, que lorsqu'on constate l'« immobilité complète des yeux. » Ne sont-ce pas là des manifestations hystériques, de cause émotive? Grasset relate le cas d'une hystérique qui, « à chaque *hypnose spontanée ou provoquée*, dit l'auteur, présentait en dehors de toute suggestion une contracture immobilisant les quatre membres comme une barre rigide, avec une anesthésie absolue et généralisée ; cette contracture l'empêchait d'exécuter pendant le sommeil aucune suggestion, alors qu'au réveil ou à longue échéance, elle exécute tout. La malade avait d'ailleurs des crises spontanées de contracture en extension, en croix ou en arc de cercle. »

Ne sont-ce pas là des crises d'hystérie incontestable, provoquées par des tentatives d'hypnotisation, et l'émotivité hystérique qu'elles déterminent chez les sujets hystérisables? Ainsi en a-t-il été autrefois, lors des manœuvres du magnétisme ani-

1. Émile Yung. *Le sommeil normal et pathologique.* P. 114.

mal, qui déchaînaient chez certains de violentes
crises de convulsions, de sommeil, ou de contracture hystérique.

L'erreur est née de ce fait que l'hypnotisme,
sous l'influence de la Salpêtrière, a été pratiqué
exclusivement chez les hystériques que l'on croyait
seuls hypnotisables, seuls suggestibles. Les manifestations hystériques se mêlaient ainsi aux phénomènes dits hypnotiques; (car les hystériques
sont aussi suggestibles qu'ils sont hystérisables;
ils le sont aussi bien pendant leurs crises qu'on
dehors de leurs crises. Il peut arriver, comme
nous venons de le dire, que lorsqu'on veut les
endormir, on détermine par l'émotion une crise
d'hystérie qui peut affecter la forme du sommeil,
de catalepsie, de contracture, de convulsions. Si
on n'a pas l'expérience de la chose, on considère
l'état provoqué comme du sommeil hypnotique,
d'autant plus que le sujet présente pendant la crise
une grande suggestibilité et qu'on peut produire
alors chez lui les mêmes phénomènes que dans l'état
dit hypnotique. De là, on est amené à conclure
naturellement que les manifestations hystériques
sur lesquelles la suggestion se greffe sont les
manifestations de l'hypnose.

J'ai constaté, d'ailleurs [1], que toutes les crises

1. Bernheim. Hypnotisme et suggestion. O. Doin. Paris 1916
3e édition — L'Hystérie; O Doin, Paris 1913.

d'hystérie spontanées ou provoquées obéissent à la suggestion. On peut arrêter la crise, la faire évoluer, en modifier les manifestations, on peut la transformer en sommeil ordinaire et développer alors tous les phénomènes de suggestibilité. C'est de l'hystérie suggestionnée devenue hypnose, si on veut conserver ce mot, c'est-à-dire sommeil avec suggestibilité. On voit que l'hystérie a faussé la doctrine de la suggestion, et que la suggestion a faussé la doctrine de l'hystérie.

Que le sommeil dit hypnotique soit complet ou incomplet, je ne lui ai jamais trouvé d'autres caractères somatiques que ceux du sommeil ordinaire. On constate seulement que, quand ce sommeil est incomplet, le dormeur reste en rapport avec son endormeur, l'entend et peut recevoir ses suggestions. Mais le dormeur spontané peut aussi, comme nous l'avons dit, être mis en rapport avec la personne qui lui parle et, s'il est suggestible, réaliser les suggestions qu'elle lui fait. Dira-t-on, comme on le fait, que le sommeil naturel a été transformé en sommeil hypnotique?

On comprend maintenant ce que signifie mon assertion : il n'y a pas d'hypnotisme, comme il n'y a pas de magnétisme : cela veut dire qu'il n'y a pas de sommeil *particulier* créé par certaines manœuvres qui confère à l'organisme des propriétés extraordinaires. Il n'y a que de la suggestibilité qui existe à l'état normal et peut être actionnée à l'état de veille. Cette suggestibilité est une fonction physiologique du cerveau humain : c'est l'idéo-dynanisme dont nous avons parlé, c'est-à-dire la tendance de l'idée acceptée par le cerveau, qu'elle vienne du dehors par les sens, ou qu'elle soit évoquée par l'organisme lui-même, (auto-suggestion), tendance à devenir acte, à se réaliser, à se traduire en sensation, mouvement, émotion, acte organique, image sensorielle, illusion ou hallucination, etc.

Les actes accomplis par la suggestion peuvent être des actes naturels, familiers, comme ceux que nous faisons tous les jours; ils peuvent être des actes bizarres, désordonnés, extravagants, comme ceux que nous faisons parfois, dans certains états d'âme; ils peuvent être des actes d'apparence pathologique, comme la contracture, l'anesthésie, les hallucinations. Ces actes, d'ailleurs, peuvent être réalisés, et le sont parfois spontanément par le mécanisme cérébral physiologique; tels les rêves hallucinatoires et le somnambulisme actif du sommeil naturel; ils n'ont en réalité rien d'extraordinaire.

Voici, par exemple, les actes les plus naturels du monde exécutés par suggestion, actes dits post-hypnotiques, à échéance lointaine.

A un sujet très suggestible qui venait à la consultation, à l'hôpital de Nancy, je dis un matin après l'avoir endormi : « Cet après-midi, après le déjeuner, vers une heure, vous aurez l'idée de faire une promenade, vous sortirez, vous suivrez telle et telle rue, vous finirez par la rue Stanislas jusqu'à la place. De là vous reviendrez en longeant l'autre côté de la rue, vous arrêtant, comme vous voudrez, devant les magasins pour regarder les étalages. Arrivé devant la brasserie Viennoise, vous y entrerez prendre un bock, puis vous irez au kiosque de la place de l'Académie acheter le *Petit Journal* et vous retournerez chez vous ». Je m'assurai qu'au réveil il n'avait aucun souvenir de ma suggestion.

A une heure, je l'observai, sans qu'il pût me voir. Il fit exactement ce que je lui avais dit, n'ayant rien d'anormal dans son allure, n'ayant nullement l'air d'un somnambule. Il croyait certainement agir de sa propre initiative et aurait été fort étonné si on lui avait dit qu'un autre agissait en lui.

Voilà donc un somnambulisme provoqué, ou état de suggestion active, avec actes naturels suggérés. Si j'avais ajouté à la suggestion du matin : « La bière que vous boirez aura un fort goût de vinaigre, vous ferez venir le garçon, lui direz des sottises et ferez emporter le verre », nul doute que, suggestible comme il l'était, il ne l'eût fait.

La suggestion d'actes naturels eût été compliquée
d'une sensation illusoire suggérée.

Le sujet faisant sa promenade n'était cependant pas un automate ; il avait conscience de ses
actes, dont l'idée, à son insu, lui avait été imposée
par moi ! Il aurait pu, en face des étalages, discuter
avec moi sur les objets qu'il voyait, fort raisonna-
blement, et exprimer des opinions personnelles.
Il ignorait la cause déterminante de sa promenade.
Moi seul, je le savais. N'en est-il pas quelquefois
ainsi de nos actes déterminés par une cause
inconnue ?

Cette suggestion était-elle irrésistible ? Le sujet
devait-il fatalement l'accomplir par une sorte
d'évolution psychique automatique, bien que
consciente ? L'observation montre qu'il n'en est
pas toujours ainsi. L'impulsion de l'idée n'est pas
fatale. Dans notre cas, le sujet n'a trouvé sur son
chemin aucune raison pour modifier ma suggestion, devenue son idée dominante. Mais s'il avait
rencontré une distraction agréable, un beau spec-
tacle militaire, ou un ami lui offrant une promenade dans sa voiture et insistant pour qu'il
l'accompagnât, peut-être eût-il pu arrêter la promenade que je lui avais imposée, et céder à la
tentation nouvelle.

Ainsi des actes, comme ceux de la vie ordinaire,

peuvent être suggérés et réalisés. N'est-il pas
arbitraire par conséquent de dire avec Babinski ?
« Il n'y a suggestion que lorsque l'idée qu'on
cherche à introduire est déraisonnable ».

Ils ne sont cependant pas réalisés toujours,
fatalement, et dans tous leurs détails. Il n'est pas
exact de dire avec Grasset. « Dans la suggestion, le
sujet obéit sans critiquer, sans raisonner, sans juger :
il n'a ni à accepter, ni à consentir ; il agit comme on
le lui suggère. » Quelques observations de sujets
très suggestibles, soumis à de nombreuses expériences, et dont la suggestibilité a été éduquée,
même quelques sujets dès la première expérience
peuvent accréditer cette opinion ; ils font de
l'anesthésie, des contractures, des hallucinations,
tous les actes commandés, hypnotiques et post-
hypnotiques ; ils obéissent comme déterminés par
une action réflexe et *paraissent* malléables à merci
entre les mains de l'hypnotiseur. C'est la minorité
des sujets ; et cependant ceux-ci même peuvent
résister ou ne céder qu'après une lutte prolongée à certaines injonctions qui leur sont désagréables. Une femme honnête, très suggestible,
refusera le plus souvent d'accomplir les actes
contraires à ses sentiments ; elle ne volera pas,
elle ne battra pas son enfant, elle ne se désha-
billera pas en public.

Tous les observateurs, Liébeault, Pitres, Beaunis,

et autres, ont cité, comme moi, des exemples de résistance à l'impulsion suggérée, et cela chez les sujets les plus dociles. Si le sujet succombe, comme dans un cas de Beaunis (vol d'une cuiller d'argent), « on assiste au combat intérieur qui se livre dans son esprit; sa figure très expressive et très mobile reflète toutes les phases de la lutte violente entre sa volonté et l'autorité de la suggestion qui lui a été faite. » Il en est qui usent de subterfuges pour cette résistance. Telle une somnambule de Pitres, qui ne voulait plus se laisser réveiller, quand on lui avait suggéré pour le réveil un acte qui lui était particulièrement désagréable. Telle la somnambule de Beaunis qui s'endormait spontanément au moment où elle aurait dû exécuter l'acte suggéré. Telles certaines hystériques qui ont des crises de nerfs en ce moment.

Ces faits montrent que les somnambules, tout suggestibles qu'ils sont, sentent et pensent encore par leur propre cerveau et ont une certaine initiative.

Chaque sujet d'ailleurs accomplit l'acte suggéré à sa façon, suivant ses aptitudes. Appelé à jouer un rôle dans un drame complexe qu'on évoque devant lui, s'il n'a pas les qualités conformes à ce rôle, il balbutie, reste interdit, muet. S'il est intelligent, débrouillard, comédien, il joue son rôle avec esprit et entrain ; il y ajoute de son propre cru, il y met sa personnalité et déploie toutes les ressources actives de son esprit. Il n'y a pas deux sujets qui se ressemblent et qui agissent de la même façon dans l'exécution du même acte complexe suggéré. Chacun est lui-même, chacun est une individualité suggestive. Il suffit de lire les observations de somnambules expérimentaux publiées, par exemple celles de Charcot, de Richet, les miennes, pour se convaincre que le sujet se comporte comme s'il jouait une comédie à l'état de veille. Il est suggestionné, il n'est pas automatisé. D'ailleurs les sujets si éminemment suggestibles ne sont pas la règle; la plupart ont une suggestibilité limitée à certains domaines; ils obéissent à certaines suggestions et pas à d'autres; tel, par exemple, peut faire de la catalepsie, de la contracture, mais il ne fait ni anesthésie, ni paralysie, ni hallucination; tel fait de l'anesthésie, pas de contracture; tel fait des hallucinations vagues et peu distinctes, etc. Il en est qui par l'exercice font des progrès et arrivent graduellement au somnambulisme hallucinatoire. Chaque sujet, je le répète, a sa modalité suggestive.

L'état de suggestion peut exister sous forme de somnambulisme avec persistance de la vie de relation : le sujet cause, va et vient, mais il n'y a que peu ou point de phénomènes dits hypnotiques; et cependant il y a amnésie au réveil.

Voici un exemple. Mme de X..., une de mes clientes, est une dame cultivée, intelligente, nullement hystérique. Elle souffre depuis des années de gastrite chronique avec dilatation d'estomac. Je l'endors facilement, par simple occlusion des paupières pendant une demi-minute. Elle présente alors un faible degré de catalepsie, maintient ses bras levés en l'air pendant une vingtaine de secondes, puis les abaisse spontanément. Je puis communiquer l'automatisme rotatoire aux bras en les faisant tourner l'un autour de l'autre ; mais le mouvement imprimé ne dure pas plus de quelques secondes. Je ne puis provoquer ni anesthésie, ni contracture, ni illusion, ni hallucination. Si je lui dis par exemple : « Entendez la musique », elle n'entend rien. Si je veux lui faire avaler une potion fictive, elle dit : « Vous savez, docteur, cela ne prend pas chez moi. »

Elle conserve beaucoup de spontanéité dans cet état de conscience, qu'elle dit et croit être du sommeil, discute avec moi, m'initie à tous les détails de sa maladie, ou bien me parle de choses mondaines : « Est-ce que j'ai songé, docteur, à vous inviter à prendre le thé tel jour, etc. » Si elle entend sa femme de chambre dans la pièce voisine, elle me fait des réflexions sur son compte. Elle se comporte absolument comme une personne éveillée, bien qu'elle affirme dormir. Certaines suggestions d'actes pour le réveil sont réalisées. Un jour, je lui dis : « Quand vous serez réveillée, vous quitterez le fauteuil que vous occupez et vous irez vous asseoir sur le fauteuil en face. » Après son réveil, elle regarde autour d'elle, et dit: « Je ne sais pas, mon salon n'est pas en ordre aujourd'hui, je ne suis pas bien sur ce fauteuil. » Et elle va, docile à la suggestion, s'asseoir sur le fauteuil en face. Elle cherche à s'expliquer ainsi à elle-même le besoin qu'elle a de changer de place. Je puis aussi lui suggérer certains actes du même genre pendant le sommeil. Je lui dis, par exemple : « Dans trois minutes vous irez vous asseoir sur le canapé, et quand vous y serez pendant une minute, vous vous réveillerez. » Elle obéit avec précision.

Au milieu de la conversation la plus animée, je la réveille brusquement, en lui disant doucement : « Réveillez-vous. » Elle ne se souvient plus absolument de rien. Elle ne sait pas combien de temps elle a dormi. Quelquefois un seul fait survit dans son souvenir par autosuggestion. Un jour elle me dit au réveil: « Vous m'avez demandé, pendant mon sommeil, si j'ai toujours des renvois aigres avec sensation de brûlure. Je me suis dit alors : il ne faut pas que j'oublie cela à mon réveil, pour demander au docteur quelle source de Vichy je dois prendre. » Ainsi elle s'était suggéré pendant son sommeil de

conserver ce souvenir; tous les autres paraissaient
effacés.

Voilà certainement un état de suggestion somnambulique. Était-ce de l'automatisme inconscient?
Certainement non. C'était la même conversation, le
même entrain qu'à l'état de veille. Était-ce même
du sommeil? Elle n'en avait aucun symptôme autre
que l'amnésie au réveil. Peut-être n'était-ce que
l'illusion du sommeil suggéré, avec l'amnésie corrélative de cette suggestion? Tous ceux qui n'ont
pas leur opinion sur l'hypnotisme et la suggestion basée sur l'observation de quelques sujets
types, hypnotisables et suggestibles à volonté,
dressés par des expériences répétées, tous ceux
qui ont étudié les suggestibilités, variables chez les
divers individus, ont trouvé nombre d'observations
analogues et ont pu se convaincre que la suggestion
n'implique pas l'obéissance automatique absolue,
ne détermine pas des phénomènes dits hypnotiques
constants qui seuls signeraient le diagnostic.

L'amnésie, telle qu'elle existait dans notre cas,
est-elle caractéristique du somnambulisme spontané ou expérimental? C'est cette absence de souvenirs qui peut faire croire à l'observateur et au
sujet lui-même qu'il a été inconscient, que c'est la
cérébration automatique qui a fait tous les actes
matériels et intellectuels constatés.

Mais dans tous ces états, l'amnésie n'est ni constante, ni absolue. On se rappelle le plus souvent
ses rêves actifs ou passifs, soit immédiatement,
soit au bout d'un certain temps, à la suite de certaines associations d'idées; il est possible souvent par
certaines questions ou allusions aux actes accomplis dans le somnambulisme de mettre le sujet sur
la voie et de réveiller des souvenirs qui étaient
latents, mais non effacés.

Parmi les sujets soumis à des suggestions expérimentales d'actes variés et complexes dont on les
a faits témoins ou acteurs, somnambules provoqués, il en est qui se souviennent de tout nettement et immédiatement; d'autres ne se souviennent
que vaguement et au bout d'un certain temps par
association d'idées; d'autres semblent avoir perdu
tout souvenir. Cependant, même dans ce cas de
souvenirs en apparence effacés, on peut toujours,
ainsi que je l'ai constaté, les revivifier par la
suggestion verbale. Je dis au sujet de fermer les
yeux et de se rappeler, je concentre ainsi son
attention, je lui dis: « Vous allez tout vous rappeler »,
et les souvenirs reparaissent parfois instantanément
ou vite; d'autres fois plus lentement, par évocation
graduelle. On dirait que les impressions de l'état
du sommeil ou du somnambulisme, produites dans
un état de conscience spéciale où l'attention est
concentrée comme une lumière nerveuse, ne sont

plus assez éclairées à l'état de conscience normale, quand la lumière n'est plus concentrée sur elles, elles sont devenues latentes ; elles redeviennent lumineuses, conscientes, si la suggestion concentre de nouveau sur ces impressions obscures la lumière de l'attention cérébrale.

Cette conception de l'idée-souvenir restée comme *empreinte latente* dans le cerveau pouvant se revivifier, me paraît cependant difficile à soutenir. Il faudrait admettre que chaque idée, chaque impression sensorielle, visuelle tactile, acoustique, émotive, organique, chaque dynamisme cérébral, susceptible de se reproduire par représentation mentale comme souvenir, a laissé une empreinte spéciale localisée dans l'écorce cérébrale ; c'est-à-dire que tous les détails conscients pour nous du monde extérieur et tous ceux de notre vie intime restent inscrits dans le cerveau, chaque chose à sa place. Ce serait la localisation à outrance à laquelle toutes les cellules de l'écorce ne pourraient suffire.

Je serais disposé à admettre plutôt que chaque idée-souvenir n'est pas localisée comme empreinte dans une cellule cérébrale, mais qu'elle est due à une *modalité spéciale* des cellules diversement actionnées par chaque impression. La même cellule pourrait recevoir des impressions diverses, visuelles, auditives, tactiles, émotives, psychiques, etc. Ainsi que le même instrument de musique donne lieu à des modulations sonores et acoustiques très diverses, suivant le mode vibratoire de la colonne d'air ou de la corde impressionnée, ainsi que la même plaque vibrante du téléphone reproduit toutes les paroles avec leur intonation, leur timbre de voix, et des phénomènes acoustiques innombrables : ainsi, la même cellule cérébrale, diversement actionnée et modalisée, pourrait donner lieu à des impressions psychiques et sensorielles très variables, suivant l'impression spéciale spécifique qui s'y répercute.

La même fibre nerveuse, d'ailleurs, conduit au cerveau des impressions diverses, que le sensorium traduit par des impressions variées de froid, de chaud, de fourmillement, d'engourdissement, de chatouillement, de douleurs de qualités nombreuses et différentes, sensations qui peuvent se reproduire par représentation mentale ou souvenir. Est-ce que chaque impression provoquant l'une de ces sensations aboutit à une cellule spéciale et s'y localise par une empreinte ? N'est-ce pas plutôt que chaque impression affecte, *à sa façon*, la même cellule qui exprime sa modalité fonctionnelle par la modalité organique ou dynamique qu'elle subit et que le souvenir reproduit.

L'évocation d'un souvenir ne serait donc pas la revivification d'une empreinte localisée, mais la reproduction de la modalité cellulaire spéciale qui a créé l'impression ou l'idée première. Le souvenir latent n'existe pas, tant qu'il est latent ; il peut être réveillé par la modalité cellulaire, de même qu'un mouvement à l'état de souvenir n'existe pas, mais peut être réveillé par contraction musculaire.

On comprend que la concentration de l'esprit, cherchant à réveiller le souvenir d'une idée, créant un état de conscience pareil à celui qui a présidé à la naissance de l'idée, puisse réveiller la modalité cellulaire dynamique corrélative qui la reproduit.

Il est possible aussi qu'un sujet, à la suite d'un somnambulisme expérimental ou spontané, revenu à son état de conscience normal, s'imaginant qu'il a dormi ou qu'il ne s'est rien passé, ne cherche pas à se souvenir et n'actionne pas le dynamisme cellulaire évoquant le souvenir; il est possible même qu'il l'inhibe par une sorte d'auto-suggestion corrélative de l'idée qu'il a dormi. Mais on peut toujours évoquer les souvenirs du somnambulisme expérimental, et réveiller leur mécanisme d'évocation.

Ne creusons pas davantage ce mécanisme et revenons aux vérités d'observation.

Amnésie ne veut pas dire abolition du souvenir; celui-ci peut être momentanément absent et se réveiller ou être réveillé. C'est ce qui arrive souvent, comme nous l'avons dit, pour ceux du somnambulisme expérimental. Et cependant, c'est sur cette amnésie surtout qu'on a édifié la doctrine de l'automatisme des somnambules.

Les expériences de suggestion post-hypnotique à longue échéance ont paru démonstratives. Voici un sujet en état dit hypnotique auquel je suggère de faire un acte dans plusieurs semaines ou plusieurs mois, à tel jour, à telle heure. Au réveil le sujet n'a aucun souvenir. Le jour et l'heure fixée, sans s'être souvenu de rien en apparence dans l'intervalle, il fait l'acte suggéré.

L'idée suggérée, dira-t-on, a été vissée inconsciemment dans le cerveau, par un mécanisme inconnu, comme un réveil-matin, de façon à se déclancher au moment fixé automatiquement.

J'ai établi que les choses se passent plus psychologiquement.

Le souvenir, en réalité, n'est pas aboli ; il ne reste pas effacé, dans l'intervalle. Il peut reparaître spontanément quand le sujet, concentré sur lui-même et étranger à toute impression extérieure, se trouve dans le même état de conscience que celle dans laquelle il a reçu la suggestion ; cet état de conscience peut créer de nouveau la modalité cellulaire correspondante à cette idée. Mais si le sujet revient à son état de conscience habituel, comme quand je lui parle, le souvenir disparaît : il ne se souvient pas qu'il s'est souvenu ; le souvenir peut ainsi apparaître très souvent et s'effacer de nouveau ; il en est ainsi

de tous les souvenirs, dits hypnotiques, que je puis
reproduire et effacer à volonté. La preuve qu'il en
est ainsi, c'est que si à mon sujet suggestionné
à longue échéance je ferme les yeux de façon à
concentrer son attention, et que je lui suggère de se
rappeler ce que je lui ai dit pendant son sommeil,
il peut évoquer le souvenir de la suggestion. Et
quand il l'a accomplie, je puis de même lui suggérer de se souvenir qu'il s'est souvenu. Puis,
quand l'état de conscience actif ordinaire est
revenu, il reste convaincu qu'il n'avait aucune
conscience de l'acte réalisé et que l'idée ne lui en
est venue qu'au moment même de le réaliser. Voilà
les faits que j'ai établis le premier [1] et présentés
en 1886 à la société de Biologie. Ils montrent bien
que le phénomène des suggestions à longue
échéance n'est pas de la cérébration automatique
inconsciente.

L'amnésie, d'ailleurs, n'est pas particulièrement
dévolue aux actes du sommeil et de l'état de suggestion. Elle se manifeste aussi à la suite de certaines
perturbations psychiques ou organiques, de certains
chocs nerveux, de certaines modifications pro-
fondes de l'état de conscience.

A la suite d'une fièvre typhoïde, par exemple,
certains ne se rappellent pas ce qui s'est passé

---

1. Bernheim. De la suggestion et de ses applications à la
Thérapeutique. 2ᵉ édition, Paris O. Doin 1888. Pages 203 à 223.

dans les premiers jours de leur maladie; alors que leur intelligence était encore parfaite. Cette amnésie peut même être rétrograde; c'est-à-dire comprendre les faits d'une certaine période antérieure à la maladie.

A la suite d'un accident de chemin de fer; certains voyageurs non blessés, atteints de simple commotion nerveuse, sans perte de connaissance; revenus à leur état de santé physique et morale; ont perdu tout le souvenir de ce qui s'est passé.

Il est des sujets très coléreux, qui, pendant un accès de colère, vocifèrent, brisent et battent, puis revenus au calme ne se rappellent rien de ce qu'ils ont fait.

Tels aussi les actes accomplis en état d'ivresse, même peu profonde, et que les sujets peuvent nier de bonne foi.

Ces faits montrent que beaucoup de perturbations cérébrales susceptibles de produire une modification rapide de l'état de conscience, peuvent laisser après elles l'amnésie de cette période.

Mais cette amnésie n'est qu'un fait connexe, qui n'est ni constant, ni caractéristique. L'état de conscience modifié sans amnésie consécutive, est le même que celui avec amnésie. Les actes accomplis en état de suggestion, en rêve ou en somnambulisme, naturel ou expérimental, dont on a conservé le souvenir, constituent le même phénomène que ceux dont on a perdu le souvenir.

Si l'amnésie n'est pas caractéristique, on dira :
« Seuls les phénomènes dits hypnotiques le sont.
Sans doute on peut suggérer à l'état de veille ou
du sommeil des idées et des actes habituels qui
n'ont rien d'insolite. Mais ces suggestions, tant
qu'elles sont adéquates à la mentalité et à la
volonté du sujet qui n'a aucune raison pour ne pas
les accepter et les réaliser, ne sont pas de vraies
suggestions ; ou, si l'on veut leur donner ce nom,
ce ne sont pas des suggestions pathologiques ou
hypnotiques. Elles ne méritent cette dénomination
que si elles sont anormales, non conformes à la
mentalité et à la volonté du sujet, si elles se traduisent par des actes involontaires, bizarres, ou par
des phénomènes extraordinaires, morbides, tels
que anesthésie, contracture, paralysie, cécité, hallucinations, etc. Ce sont des phénomènes que le sujet
ne peut pas réaliser à l'état normal, ou ne réalise pas
de son plein gré, qui lui sont imposés, qui sont
automatiques, qui impliquent une inhibition des
centres psychiques supérieurs. » C'est la conception de l'hypnotisme, telle qu'elle est généralement
encore admise aujourd'hui.

Cette définition concorde d'ailleurs avec l'impression que produit la vue d'un sujet expérimental
hypnotisé par fixation d'un point brillant, par sug-

gestion verbale, ou par d'autres manœuvres. Quand
on le voit tomber en apparence de sommeil, avec
catalepsie, anesthésie, obéissance passive, hallucinabilité, amnésie, on ne peut s'empêcher de
penser que c'est là un état anormal, pathologique,
automatique, bien différent du sommeil normal :
c'est le sommeil hypnotique, c'est l'hypnose. Il
m'a fallu beaucoup de temps et d'expérience pour
me dégager de cette opinion.

L'inhibition des centres psychiques supérieurs
qui caractériserait cette hypnose ou état de
suggestibilité serait due, d'après Grasset, à une
désagrégation mentale ou dissociation sus-poly-
gonale (d'après son schéma); c'est-à-dire que
les centres psychiques inférieurs, automatisme
supérieur, schématiquement localisés dans le
polygone constitué par la réunion des centres
corticaux moteurs et sensoriels, ne sont plus en
rapport avec le centre psychique supérieur
conscient, qui n'a plus d'action sur lui. D'autre
part, le polygone du sujet est très malléable; l'hypnotiseur agit directement et souverainement sur
lui.

« L'état de suggestibilité, conclut Grasset, est
un polygone émancipé de son centre psychique
supérieur et qui obéit au centre de l'hypnotiseur. »

Mais pour que le polygone puisse réaliser la
suggestion qui lui est faite, il faut qu'il l'entende

et la comprenne. Or, nous avons dit que les centres corticaux sensoriels perçoivent bien les impressions auditives, visuelles et autres; mais ces perceptions restent brutes et dépourvues d'idées, si elles ne pénètrent pas dans le domaine psychique. La dissociation par une lésion de ces centres sensoriels d'avec ce domaine produit de la surdité ou de la cécité psychiques; le sujet voit et entend, mais ne comprend pas ce qu'il voit et entend. La perception qui ne franchit pas le polygone ne devient plus idée. Le polygone par ses centres moteurs peut réaliser des mouvements automatiques et des réflexes consécutifs aux impressions, même inconscientes; mais il ne peut seul, séparé du cerveau psychique, recevoir de suggestion; il n'est pas lui-même un centre psychique.

Mais sans recourir au schéma de localisation imaginé par Grasset, ne peut-on pas admettre, comme nous l'avons fait d'ailleurs, un psychisme inférieur qui comprendrait les facultés dites automatiques du cerveau, celles d'imagination, la cérébration passive; et un psychisme supérieur qui comprendrait les facultés coordinatrices d'attention, de raisonnement, de contrôle, la cérébration active? Mais ces deux cérébrations sont-elles nettement différenciées, et ont-elles des sièges différents?

Elles s'associent si étroitement, comme nous

l'avons vu, dans l'évocation et l'élaboration de nos idées, l'actif se mêle tant au passif, l'automatisme à la réflexion, tant de transitions existent entre les deux, qu'il me semble difficile d'admettre une localisation cérébrale distincte. Plus une idée, d'abord simple, se répand dans le champ psychique, plus elle évoque d'associations de souvenirs, d'idées nouvelles qui surgissent et sollicitent le contrôle, plus elle devient cérébration active. La même idée peut être évoquée spontanément, au choc de la réminiscence, ou bien être réveillée seulement par une concentration active du cerveau qui réfléchit et cherche.

Sans creuser la complexité du psychisme qui échappe à nos études, peut-on dire que dans la suggestion il n'y a que de la cérébration passive automatique, du psychisme inférieur dans le sens qu'on peut attribuer à ce mot?

Quelques exemples serviront de réponse.

Je dis à un sujet à l'état de veille, sans artifice de préparation : « Votre bras est raide. Vous ne pouvez plus plier le coude. » Si la suggestion aboutit, le membre se contracture instantanément en extension et résiste aux efforts qu'on fait pour le fléchir. Le sujet n'y a pas mis de complaisance. Il constate le fait accompli, à sa grande surprise.

Que s'est-il passé? Il a entendu ma parole avec
son centre cortical auditif. Il l'a interprétée et
comprise avec son centre psychique. Il l'a réalisée
avec les nerfs centrifuges moteurs, par l'intermédiaire des centres corticaux moteurs et des cellules
médullaires associées entre elles, qui commandent
les nerfs extenseurs du bras. Le sujet actionné
par l'idée a fait l'acte idéo-dynamique réflexe
contracture.

Toutes les communications existent entre les
nerfs auditifs, le cerveau psychique et la terminai-
son musculaire des nerfs moteurs. Ai-je fait de la
désagrégation mentale entre le centre cortical
auditif et le centre psychique supérieur? Y a-t-il
eu inhibition du psychisme supérieur lequel aurait
pu empêcher la suggestion d'aboutir? Elle a abouti
instantanément, si bien que le contrôle n'a pu être
consulté; il est intervenu pour constater le fait
accompli comme un acte idéo-réflexe.

A un autre sujet je suggère une hémianesthésie
sensitivo-sensorielle. S'il ne comprend pas bien
la suggestion, il la réalise mal, ou imparfaitement, comme il la comprend. S'il a bien compris,
l'hémianesthésie se produit parfois immédiatement et complète. Mais ceci est l'exception. Le
plus souvent, elle est incomplète et imparfaite;
elle n'est pas étendue à toute la moitié du corps;

la sensibilité existe encore ou est seulement diminuée dans certaines régions. Les sensibilités sensorielle, visuelle, auditive, olfactive, gustative, persistent, ou sont diminuées seulement dans certains organes sensoriels; elles font défaut dans d'autres. Mais, au bout de quelques jours, soit spontanément par l'élaboration progressive de la suggestion faite, soit après plusieurs suggestions répétées, l'hémianesthésie se complète souvent et devient totale.

Qu'ai-je fait? J'ai donné au sujet l'idée de l'hémianesthésie; et cette idée bien comprise a réalisé l'acte. Combien cet acte se réalise facilement chez certains sujets, sans hypnotisme, presque sans suggestion, c'est ce que montre le fait suivant. On considérait et beaucoup considèrent encore l'hémianesthésie sensitivo-sensorielle comme un symptôme très fréquent et caractéristique de l'hystérie et même de la neurasthénie. Or j'ai constaté[1], et cela a été confirmé par Babinski, que ce symptôme n'existe pas en réalité; quand on le trouve, c'est qu'il est créé de toutes pièces par l'explorateur. Le médecin cherche l'anesthésie avec beaucoup de soin sur le côté gauche et dans les organes des sens; il la cherche si bien qu'il en donne l'idée au sujet qui se la suggère, à son insu et à l'insu du médecin qui a trahi sa pensée par son

1. Hypnotisme et suggestion, 3e Édition, p. 264.

exploration. L'idée a fait l'acte. Le médecin n'a
été que l'intermédiaire involontaire de cette idée
erronée; et le sujet la victime de cette idée. Il n'y
a pas eu d'hypnotisme. Il y a eu de la suggestion
involontaire, sans le savoir.

Voici un autre exemple de suggestion fort ins-
tructif. Il s'agit d'une jeune fille très intelligente
et très instruite, mais très suggestible. Je lui
avais suggéré, à plusieurs reprises, d'avoir une
rose fictive dans la main. Elle était prévenue
contre cette suggestion que je faisais à l'état de
veille, et ne pouvait s'en garer. Un jour, je lui
mis une vraie rose dans une main, une rose fictive
dans l'autre; et lui disant que l'une des deux était
suggérée, imaginaire, je la priai de me dire quelle
était la vraie. Elle cherchait, tâtonnait, palpait,
aspirait l'odeur, faisant appel à toutes ses facultés
de contrôle, et ne parvenait pas à discerner. Elle
savait bien que l'une des roses n'existait pas; mais
l'idée suggérée devenait image, et cette image
s'imposait à elle avec tant de netteté qu'elle ne
pouvait l'effacer. Pendant la durée de cette hallucination expérimentale, cette jeune fille avait
toute son intelligence active, tout son jugement;
elle pouvait discuter toutes les questions avec les
ressources de son psychisme supérieur; mais elle
ne pouvait neutraliser l'image suggérée. Je dus

l'effacer. Elle se souvenait de tout quand ce fut fini.

Cependant, peut-on dire, « cette jeune fille n'était pas dans son état normal. Vous avez une influence particulière sur elle, puisqu'elle est illusionnée et hallucinée par vous. C'est cette influence que nous appelons hypnotisme ou magnétisme. D'autres ne l'ont pas ; car si elle était hallucinable par tout le monde, ce serait une faible d'esprit, incapable de tout, et elle ne l'est pas. »

Je réponds : Ce n'est pas mon influence réelle, c'est celle qu'elle m'attribue, c'est sa crédulité en ce qui me concerne, qui fait sa suggestibilité. Elle sait que je puis faire des hallucinations, elle me croit une puissance suggestive spéciale. Elle est influencée par cette croyance qui renforce sa suggestibilité, son idéo-dynamisme vis-à-vis de moi.

Si je supprime cette croyance, si je lui explique que je n'ai aucune vertu spéciale, que je ne peux pas l'influencer malgré elle, si je le lui démontre par des expériences sans résultat sur elle, si je lui fais comprendre ce que c'est que la suggestion, si je fais son éducation, elle ne sera plus suggestible à l'excès, elle ne sera plus hallucinable. J'aurai perdu mon influence sur elle.

Un dernier exemple.

A l'une de mes clientes, âgée de trente-cinq ans, nullement hystérique, très suggestible à l'état de veille, je dis un jour : « Vous êtes allée hier goûter chez le pâtissier de la rue des Dominicains. Pendant que vous causiez avec quelqu'un en tenant votre gâteau à la main, un petit chien vous l'a pris et l'a mangé. » La cliente me regarde d'un air étonné. Mais au bout de quelques secondes, la chose imaginaire que je raconte devient pour elle une réalité. « Comment pouvez-vous savoir cela? » dit-elle. — « J'ai passé devant la boutique et je l'ai vu. » Je lui fais raconter la scène dans tous ses détails, les personnes qu'elle a rencontrées, le genre de gâteau qu'elle avait acheté, dont elle avalait une partie, quand le petit fox blanc sauta sur elle pour lui enlever le restant, les excuses de la maîtresse du chien. Elle revoit la scène et croit que c'est arrivé. Ell conte tout cela en riant, la physionomie bien éveillée. J'ai beau lui dire alors que tout cela n'est pas vrai, que c'est une suggestion que je viens de lui donner. Elle reste convaincue que c'est arrivé.

Deux minutes après, je dis de nouveau : « Je vous ai vue chez le pâtissier hier. » Elle répond : « Vous n'avez pas pu m'y voir, parce que je n'y étais pas ». — « Vous venez de me raconter que vous y étiez, que vous aviez pris un gâteau, et qu'un petit chien vous l'a enlevé. » — « Mais non, je ne vous ai rien dit. Vous voulez me le faire croire. » Elle avait tout oublié.

Changeant un peu l'intonation de ma voix, je dis de nouveau : « Où étiez-vous hier? » Le souvenir fictif était revenu, et elle me raconte l'incident. Je puis ainsi l'effacer et le reconstituer à volonté. Tout cela se fait le plus simplement du monde, sans hypnotisme, sans artifice de préparation. Sa crédivité en moi fait que mon assertion acceptée par elle crée l'image souvenir qui s'impose à elle; c'est une hallucination rétroactive.

La suggestion expérimentale en créant des souvenirs fictifs ne fait pas de phénomène insolite. Elle reproduit ce qui arrive parfois dans la vie ordinaire, ce que la psychologie normale peut réaliser.

A la faveur de souvenirs fictifs, de faux témoignages peuvent se faire devant la justice. Motet a relaté quelques faits de ce genre, parmi lesquels je rappelle le suivant. Lasègue raconte qu'un jour il eut à intervenir dans une affaire grave. Un négociant est appelé chez le juge d'instruction sous l'inculpation d'attentat à la pudeur sur un enfant de dix ans. On arrive à démontrer que c'était une fable dont voici l'origine. L'enfant avait fait l'école buissonnière et était rentré à la maison longtemps après l'heure habituelle. A son arrivée, sa mère inquiète lui demande d'où il vient. Il balbutie; sa mère le presse de questions; elle s'imagine qu'il a été victime d'un attentat à la pudeur; et lancée sur cette piste, on ne sait pourquoi, elle interroge dans ce sens; c'est elle qui devant l'enfant raconte l'histoire, telle qu'elle l'a créée. L'enfant la retient, la sait par cœur, et quand on lui demande s'il reconnaîtrait la maison où il a été conduit par ce monsieur, il désigne la demeure du négociant; et l'histoire ainsi complétée est acceptée jusqu'au jour où il a été possible de reconstituer l'escapade et de réduire à néant une fable dont les conséquences auraient été si graves.

Il peut même arriver qu'un accusé, suggestionné par l'interrogatoire, finisse par se croire et se dire coupable.

Liégeois[1] cite le cas d'une jeune fille qui fut condamnée à six mois de prison par le tribunal correctionnel de Vic, pour accouchement clandestin, et infanticide. La sage-femme et le médecin cantonal affirmèrent qu'elle avait accouché. L'accusée nia d'abord. Mais le commissaire de police, l'interrogeant, lui demanda si elle n'avait pas placé son enfant dans le réduit à porcs de la maison qu'elle habitait. Après bien des hésitations, elle finit par avouer à la sage-femme, en fournissant les détails. Quelques semaines après son entrée en prison, elle accouche à terme d'un enfant bien constitué.

---

1. Liégeois, De la Suggestion et du Somnambulisme dans leurs rapports avec la jurisprudence et la médecine légale.

C'est encore là de la suggestion faite à l'insu de celui qui la fait ; il dicte, sans s'en douter, un faux témoignage.

Dans ces observations, c'est une idée, expérimentalement ou accidentellement introduite dans le cerveau, qui est devenue image réelle ou image souvenir, hallucination vraie ou rétroactive ; et cette hallucination considérée par le sujet comme une réalité a naturellement déterminé son psychisme. Ce psychisme était conscient. Il était facile de rectifier ce psychisme faussé par une idée erronée, soit en supprimant l'hallucination, soit en éclairant le sujet sur la nature de cette image fictive.

Si j'ai rappelé ces observations, concernant des phénomènes de divers ordres, impressionnants et étranges en apparence, créés par la suggestion, phénomènes qui ont fait croire à un organisme dénaturé par des pratiques spéciales dites hypnotiques, c'est pour bien établir que ces phénomènes peuvent se développer spontanément, physiologiquement, à l'état normal. Tels sont les rêves hallucinatoires du sommeil naturel et les rêves actifs qui constituent le somnambulisme naturel. Il n'y a pas, je le répète, d'état anormal dit hypnotique créé par des manœuvres. Rien n'est produit expérimen-

talement qui ne peut se réaliser naturellement.
Tous ces phénomènes sont déterminés par l'idéo-dynamisme, propriété physiologique du cerveau
humain. C'est elle qui fait la suggestion. Quel que
soit le dynamisme déterminé par l'idée, comme je
l'ai dit, que ce soit un acte familier et habituel,
que ce soit un acte exceptionnel et insolite, c'est
toujours de l'idéo-dynamisme, de la suggestion ; ce
n'est pas de l'automatisme inconscient. Les actes
exceptionnels ne sont pas pour cela anormaux : les
lois qui régissent l'organisme humain, vivant et
pensant, sont toujours les mêmes. Le cerveau suggestionné, c'est-à-dire l'idéo-dynamisme, ne réalise
que ce qu'il peut réaliser normalement, de par son
mécanisme ; il n'y a ni magnétisme, ni hypnotisme
qui développe en lui des propriétés nouvelles. Il
est susceptible de faire spontanément, actionné
par certaines influences, les phénomènes dits
hypnotiques, anesthésie, contractures, paralysies
psychiques, somnambulisme. Il fait dans le sommeil naturel des rêves, des autosuggestions. Que
ces rêves évoquent et élaborent les idées habituelles
du sujet, ou qu'ils édifient des romans hallucinatoires, ce sont toujours des rêves physiologiques.
Du sel sucé avec délices et pris pour du sucre, le
contact de ma main provoquant une sensation de
démangeaison, à la suite de suggestion, constituent
deux phénomènes de même nature : l'un est une

illusion de la sensibilité gustative, l'autre est une illusion de la sensibilité cutanée. Cependant, le premier est plus impressionnant et plus anormal que le second. Une paraplégie psychique suggérée pendant une heure, ou une promenade par suggestion pendant une heure, impliquent aussi un mécanisme psycho-physiologique de même nature, bien que le premier représente un fait pathologique, le second un fait habituel. Il serait certainement arbitraire de donner le nom de suggestion à l'un de ces idéo-dynamismes et de le refuser à l'autre.

Les divers idéo-dynamismes, les diverses suggestibilités sont variables suivant l'idée, suivant le dynamisme qu'elle doit actionner, suivant la crédivité qui la fait accepter, suivant la façon dont la crédivité est actionnée, suivant les circonstances qui peuvent la renforcer, suivant l'état d'âme qui peut augmenter ou diminuer le contrôle cérébral, favoriser ou atténuer la tendance de l'idée à devenir acte. La même idée exprimée par une parole éloquente, vibrante, persuasive, peut être suggestive, tandis que débitée par une parole incolore et monotone, elle restera stérile et lettre morte. Le jury qui, impressionné par l'éloquence émouvante d'un avocat, rend un verdict qu'il regrette le lendemain, alors que l'émotion refroidie, il revient à une appréciation plus saine des faits, le parlement qui vote sous l'impulsion d'un discours plein d'art et d'artifice, et désavoue son vote plus tard, quand il n'est plus sous le charme, n'est-ce pas de la suggestion par une parole qui captive l'imagination et fausse le contrôle?

Toutes les émotions, toutes les passions, généreuses ou viles, l'amour, la pitié, la haine, la colère, l'enthousiasme, les fanatismes politiques, religieux, socialistes et autres, aveuglent certains jugements, exaltent certaines crédivités, et favorisent certains modes de suggestibilité. L'impulsif est un passionné qui obéit sans réflexion à certains mouvements de l'âme et transforme presque automatiquement ses impressions en dynamismes.

Un cerveau exalté par des idées religieuses ou mystiques peut créer des autosuggestions hallucinatoires, et cela arrive non seulement dans les cerveaux naïfs et crédules de jeunes filles ou de paysans, mais dans des cerveaux cultivés et intelligents. Quand Jeanne d'Arc, suggestionnée par sa foi ardente, voyait et entendait les saints qui lui révélaient sa mission, c'étaient ses propres conceptions religieuses et patriotiques qu'elle transformait en hallucinations. Quand le Tasse conversait à haute voix avec son génie familier, quand Pascal, à la suite d'une chute de voiture sur le pont de Neuilly, conserva cette impression angoissante et se voyait sur le bord d'un précipice, avec la vision de l'enfer, quand Van Helmont voyait sa propre âme sous forme d'une lumière homogène cristalline et brillante, contenue dans une enveloppe, et entendait une voix, quand Luther avait des colloques avec le diable qu'il voyait et entendait, quand gravissant sur ses genoux l'escalier de Pilate à Rome, il entendit une voix de tonnerre terrifiante proférer ces mots : « Le juste vivra par la foi! » c'étaient des autosuggestions hallucinatoires évoquées pa le mysticisme dans des cerveaux d'une intelligence supérieure.

Les manœuvres dites magnétiques et hypnotiques peuvent aussi, chez les sujets impressionnés par leur foi en ces pratiques, favoriser la provocation suggestive des phénomènes spéciaux de suggestibilité. C'est leur crédivité, renforçant l'idéo-dynamisme, qui fait ces manifestations; ce n'est pas l'état hypnotique.

La suggestibilité individuelle à l'état normal varie suivant la crédivité et l'idéo-dynamisme. La crédivité est variable. L'enfant croit tout ce qu'on lui dit; il accepte aveuglément; il n'a aucune raison de ne pas croire. L'expérience de l'âge corrige et discipline cette crédulité excessive. L'adulte ne croit qu'à bon escient. Cependant il y a des adultes qui conservent toute leur vie, plus ou moins, là

crédulité naïve du bas âge. On connaît même des
âmes candides de savants qui acceptent aveuglément des assertions trompeuses. Il est rare cependant qu'un sujet soit d'une crédulité excessive pour
tous et pour tout. Le plus souvent elle est limitée.
Elle n'existe, chez certains, que vis-à-vis de certaines personnes qui ont de l'influence sur lui,
chez l'élève vis-à-vis du maître, chez l'ouvrier
parfois vis-à-vis du patron, chez l'ignorant vis-à-
vis du savant, chez le fidèle vis-à-vis du prêtre. Elle
peut être créée artificiellement par le suggestionneur qui suggestionne souvent son sujet. Chez la
plupart aussi, la crédulité exagérée n'existe que
pour certaines idées. Tel peu crédule en général,
plutôt sceptique et raisonneur, professe en matière
religieuse une crédulité aveugle et irréductible.

Ces crédivités spéciales sont souvent dues à
l'imitation et à l'éducation : « On n'imite pas
seulement, dit Liébeault, ce qui frappe les sens, on
imite aussi ce qui frappe l'esprit; les idées des
autres, on les adopte comme siennes. Ainsi sans
que l'on s'en rende compte, on adopte des notions
morales et politiques, des préjugés de famille, de
race, et on s'imprègne des idées qui font atmos-
phère autour de soi. Il est des principes sociaux et
religieux qui ne devraient pas résister devant le
sens commun, pour ne pas dire devant la raison,
auxquels on croit de bonne foi et que l'on défend

comme son propre bien. Ces principes étaient ceux des ancêtres, ils sont même nationaux, ils se sont incarnés des pères aux fils. Les détruire par le raisonnement est impossible. On a beau en démontrer la fausseté; il y a dans les hommes des pensées par imitation qui, tout absurdes qu'elles sont, font corps avec eux-mêmes et finissent par se transmettre de génération en génération, à la façon des instincts. »

Qu'elle soit évoquée spontanément, conforme à la mentalité du sujet, native ou développée par l'éducation ou l'imitation qui ne sont que des suggestions antérieures, qu'elle vienne du dehors par la parole, l'écriture, ou par une impression sensorielle, toute idée acceptée constitue en réalité une suggestion. Dans le premier cas, on dit *autosuggestion*.

Ce mot ne veut pas dire suggestion qu'on se donne à soi-même volontairement. On ne peut pas se suggestionner volontairement; on peut affimer une idée qu'on n'a pas, on ne peut pas créer dans son cerveau une idée de toutes pièces. L'autosuggestion est une idée qui ne paraît pas venir du dehors, qui est évoquée spontanément, sans le concours de la volonté. En réalité, cette spontanéité est plus apparente que réelle.

Cette spontanéité d'évocation, cet automatisme ne fait que réveiller une idée antérieure acquise par l'éducation ou les sens. *Nihil est in intellectu quod non prius fuerit in sensu.* Ceci n'est cependant pas exact d'une façon absolue. Il y a des idées natives qu'on apporte au monde ou dont on apporte au monde les germes, qui se développent avec l'âge : le caractère, les aptitudes diverses, les modalités physiques et morales varient individuellement, et malgré la même éducation, se développent différemment chez les divers sujets, comme les modalités de l'organisme physique. Ce sont des idées instinctives qui évoluent, idées transmises par les ancêtres et que chaque organisme modifie par mixture d'idées nouvelles acquises. Mais ces idées transmises n'ont aussi de la spontanéité que l'apparence; elles ont été créées chez les ancêtres par les impressions diverses de la vie. Ils peuvent nous les transmettre, comme nous pouvons finir par transmettre les nôtres aux générations futures, pour parler comme Liébeault, à la façon des instincts. L'autosuggestion est donc une idée, non créée, mais *réveillée* dans le cerveau, sans impression sensorielle actuelle venant du monde extérieur.

Le mot suggestibilité n'implique pas seulement l'aptitude à recevoir ou à évoquer une idée, mais de plus l'aptitude à transformer cette idée en dynamisme, acte, mouvement, image, émotion, etc., c'est l'idéo-dynamisme.

Certaines idées restent passives, théoriques ; elles ne comportent pas de dynamisme consécutif. Telles sont certaines idées scientifiques, ou philosophiques, ou même des idées vulgaires : être riche, par exemple. Ce peuvent être des idées passagères qui n'ont pas de suite. D'autres fois elles évoquent d'autres idées ou une association d'idées et d'émotions, qui peuvent déterminer un dynamisme actif. Voilà par exemple, quelqu'un qui, après avoir lu une belle page, séduit par le charme de la lecture, rêve à l'art de bien dire. Ces réflexions, d'abord sans but, peuvent lui donner l'idée d'essayer sa plume et de concourir pour un prix d'éloquence. Cette idée ainsi auto-suggérée, il peut la réaliser. La lecture a produit l'émotivité agréable. Cette émotivité a provoqué l'idée spéciale. L'idée a créé sa réalisation, l'idéo-dynamisme.

Voici quelqu'un qui a l'idée d'être riche rapidement. Cette idée à la longue peut faire naître celle de s'approprier le bien d'autrui. S'il a un sens moral robuste ou des principes religieux, ce sont là des états d'âme qui, comme des suggestions antérieures, sont coercitives et empêchent les idées pernicieuses de se traduire en actes. Mais si le sens moral ou le sentiment religieux font défaut, l'idée de vol pourra prendre racine, éveiller une série de conceptions ingénieuses pour la réaliser habilement : et ces conceptions, non réfrénées par

le contre-poids moral, se traduisent en actes.
L'idée de posséder a créé l'idée de voler. Cette
idée de voler a créé les idées pratiques pour le
faire et réaliser l'idéo-dynamisme.

A un degré moindre, qui peut se flatter de
n'avoir jamais eu un moment d'aberration, en
obéissant à une suggestion blâmable? C'est chose
fragile que le cerveau moral!

Plus l'idée est forte, commandée, par exemple,
par l'intérêt ou la passion, plus elle est impulsive,
plus elle sollicite le dynamisme corrélatif.

Mais il est chez certains des idéo-dynamismes
qui, bien que vivement sollicités, ne peuvent se réaliser. Tel qui doit prendre la parole pour défendre
ses intérêts et prêt à le faire, reste muet, paralysé
par l'émotion. L'idée ne peut déclancher la parole
qu'elle veut suggérer. Le souvenir d'une personne connue suggère à un artiste la vision de
cette personne, comme si elle était présente. Les
yeux fermés, elle lui apparaît comme une hallucination; tandis que tel autre ne peut retrouver la
physionomie que le souvenir cherche à lui suggérer:
la suggestion sensorielle n'aboutit pas.

Le récit d'une grande infortune suggère une
vive émotion à un homme compatissant et cette
émotion se traduit en acte, par un secours.
L'homme au cœur sec reste indifférent et sa bourse

reste fermée; il n'y a ni suggestion émotive, ni suggestion d'acte.

Je ne parle ici que des suggestions habituelles de la vie courante. Quant aux suggestions plus anormales, expérimentales, telles que l'anesthésie, les contractures, les hallucinations, les actes divers et déraisonnables provoqués, on sait combien variables est chez les sujets la réalisation ou la non réalisation de ces dynamismes suggérés, à crédivité égale. Cela dépend de l'impressionnabilité nerveuse et psychique du sujet, des impressions et émotions diverses qui s'ajoutent à la suggestion et peuvent la neutraliser, du mécanisme nerveux qui réalise le dynamisme et qui fonctionne plus ou moins facilement. L'un fait de la contracture, mais ne fait pas d'anesthésie. L'autre fait de l'anesthésie, mais ne fait pas d'hallucination. Chacun a ses modalités suggestives.

Comme toutes les fonctions physiologiques, la suggestibilité peut être exagérée ou diminuée, d'une façon générale ou dans certains de ses modes. Une suggestibilité générale excessive est une véritable infirmité psychique. Un sujet qui croit tout, docile à tous et à ses propres impulsions, dépourvu d'initiative personnelle et de sens critique, est un sujet désarmé dans le combat de la vie. Ce ne peut être qu'un débile mental.

Une suggestibilité générale nulle ou trop faible est une autre infirmité psychique. Un sujet qui n'a ni crédivité, ni idéo-dynamisme, qui ne croit à rien, qui ne subit aucune influence, qui ne réalise rien de ce qu'on lui dit, qui n'obéit qu'à ses propres inspirations, si ce quelqu'un peut exister, ne peut être qu'un autre débile mental. Une fonction physiologique, la suggestibilité, lui manque.

Celle-ci peut être pervertie dans certains domaines. Certains sujets, qui peuvent être d'ailleurs bien équilibres, ont une impressionnabilité nerveuse localisée à une fonction, et se traduisant dans cette fonction par une suggestibilité morbide qui donne lieu à une névrose.

Un picotement laryngé accidentel léger donnant lieu, chaque fois qu'il se produit, à une aphonie nerveuse qui peut durer des mois; une irritation de la gorge qui détermine une toux nerveuse continue, survivant à l'irritation; une douleur d'origine traumatique, maintenue après la guérison du traumatisme par représentation mentale, voilà des autosuggestions morbides, comme le démontre leur guérison par la psychothérapie.

Gratiolet raconte que, lorsqu'il était enfant, sa vue s'était affaiblie et qu'il avait été obligé de porter des lunettes. La pression que ces lunettes exerçaient sur son nez lui fut si insupportable qu'il dut cesser d'en faire usage. Vingt ans plus tard, il ne pouvait voir une personne porter des lunettes, sans éprouver immédiatement la sensation désagréable qui lui avait été si pénible dans sa jeunesse.

Les médecins qui veulent prescrire le régime lacté trouvent souvent des clients qui disent ne pas le tolérer. Il produit chez eux des indigestions. Cela peut remonter à l'enfance, et être dû à une impression accidentelle, qui a été retenue comme souvenir et se répète à chaque ingestion de lait. D'autres fois, cette intolérance s'est produite plus tard dans la vie : elle peut être un effet de suggestion médicale. Depuis que les progrès de la chimiatrie ont fait croire aux médecins que le lait et les œufs sont des poisons, beaucoup de gens du monde ont été suggestionnés par cette idée répandue dans le public et ne tolèrent plus ces aliments qu'ils prennent à contre-cœur. Et cependant le lait et les œufs étaient considérés par les cliniciens comme les aliments les plus digestibles, qu'on donnait aux convalescents et aux dyspeptiques avec le plus grand succès. Les nouveau-nés sont toujours élevés au sein et au biberon. Le lait ne serait-il toxique que pour les adultes? Ou plutôt ses effets toxiques ne seraient-ils parfois que des produits d'imagination suggestionnée?

Un sujet qui ne peut sentir certaines odeurs agréables et inoffensives sans avoir des nausées,

un autre à qui la moindre impression de vent sur
le cou produit des douleurs dites rhumatismales, et
qui sont purement psychiques, tel qui ne peut se
trouver dans l'obscurité sans éprouver de la phobie avec angoisse, etc., nombreuses sont les servi-
tudes de ce genre! Ce peuvent être des dispositions
natives constitutionnelles, qu'on appelle idiosyn-
crasie. Ce sont souvent des auto-suggestions
acquises, que l'éducation peut corriger, si elles ne
sont pas trop invétérées. Une femme qui, à la suite
d'émotion, a une violente crise de nerfs, qu'elle
répète facilement par simple souvenir émotif,
voilà encore de la suggestibilité exaltée et pervertie.

Ce sont des manifestations psycho-nerveuses sur
lesquelles nous reviendrons.

Chez quelques-uns, ces suggestibilités exagérées
ou morbides ne sont pas constantes : elles ne se
manifestent que sous certaines influences adju-
vantes, par exemple pendant les périodes men-
suelles, pendant la grossesse, ou quand il y a
dépression nerveuse. La même contusion qui, chez
le sujet normal, ne produit qu'une douleur passagère, peut, chez le sujet déprimé ou émotif, provoquer
une douleur excessive prolongée; et cette douleur
peut même déterminer de la contracture ou de la
paralysie psychique.

N'en est-il pas de même des suggestions habituelles de la vie courante et qui n'ont rien de morbide ? En face de la même impression, nous pensons différemment, et nous réagissons autrement, aux divers moments de notre existence, suivant notre état d'esprit, notre état de santé, notre digestion, notre humeur, l'intérêt du moment, notre gaité ou nos préoccupations. Notre suggestibilité individuelle, bien qu'elle soit caractéristique pour chacun dans ses traits généraux, est cependant capricieuse, puisqu'elle est actionnée par une résultante de causes multiples qui peuvent s'associer à la cause provocatrice.

Les enfants le savent bien, qui, pour obtenir ce qu'ils désirent de leur mère, choisissent le moment favorable où ils savent la mère bien disposée à déférer à leur suggestion. Les écoliers le savent bien, quand ils ont un maître lunatique ou bilieux, et qu'ils évitent de lui faire une requête, lorsque sa figure semble accuser une mauvaise digestion. Les hommes de gouvernement le savent aussi, quand, par les journaux et les tribunes, ils introduisent dans les esprits du public des idées qui y prennent racine et qui deviennent des suggestions destinées à déterminer des actes dans une circonstance donnée. Ils créent le terrain, avant de le faire produire, pour récolter ce qu'eux mêmes y ont semé.

Ceci nous amène à dire un mot des suggestions collectives. L'anarchisme, l'antisémitisme, tous les fanatismes religieux, sociaux, politiques, anti-religieux, toutes les passions populaires soulevées par la presse, les affiches, les discours, propagées par l'imitation et la contagion, et qui se traduisent en actes, ne sont-ce pas des suggestions collectives? Des idées de concorde et de fraternité sont suggérées aux masses; on s'embrasse sur l'autel de la Patrie. Puis ce sont des idées de discorde et de haine : c'est le règne de la Terreur. Les suggestions collectives, n'est-ce pas toute l'histoire de l'humanité, de ses guerres, de ses révolutions, et aussi de ses périodes de progrès?

Mais on critique ma conception trop compréhensive du mot suggestion. La plupart des médecins et des psychologues, encore un peu impressionnés par ce mot qui rappelle l'hypnotisme avec ses phénomènes d'apparence extraordinaire, ne peuvent admettre que les faits habituels de la vie courante rentrent dans la même catégorie de phénomènes.

Et cependant il en est ainsi. Qu'un sujet commette un vol spontanément, sous l'impulsion d'une idée impérieuse dictée par le désir ou le besoin, qu'il y soit déterminé par un complice, qu'il le fasse par suggestion expérimentale, c'est toujours de la suggestion! Qu'une contracture soit produite par un choc émotif et entretenue par représentation mentale, qu'elle soit produite par une suggestion émotive et entretenue de même, c'est toujours le même phénomène! Qu'une hallucination soit provoquée par suggestion expérimentale, qu'elle naisse dans le demi-sommeil par l'auto-suggestion du rêve, qu'elle se produise à l'état de veille chez certaines personnes par concentration de l'esprit sur l'idée correspondante, c'est toujours une hallucination! La cause déterminante varie. Le phénomène déterminé et son mécanisme psychologique sont le même.

La suggestion et l'idéo-dynamisme sont dans tous nos actes. C'est notre déterminisme.

C'est l'éducation que fait la prophylaxie des suggestibilités morbides et des troubles fonctionnels qu'elles engendrent, comme aussi celle des suggestibilités perverses et des actes répréhensibles qu'elles déterminent. Combattre dès l'enfance la crédulité excessive, développer les facultés de raisonnement qui font le contrôle cérébral, ne pas créer chez les enfants une docilité automatique absolue qui ne leur laisse plus d'initiative, réprimer les écarts d'une imagination désordonnée, réfréner les impulsions et les instincts qui suggèrent de mauvais actes, discipliner les impressionnabilités et les émotivités

exagérées qui font et entretiennent les psychonévroses, habituer l'enfant et l'adulte à subir les
impressions fortes et désagréables et à les supporter, de façon à inhiber les réactions dynamiques trop
intenses qu'elles pourraient provoquer, apprendre au
psychisme à ne pas créer des dynamismes anormaux,
ne pas abuser des suggestions expérimentales qui
développent des phénomènes psycho-nerveux, dits
hypnotiques, et exagèrent la suggestilité, maintenir
l'équilibre de la raison et de l'imagination, des idées
et des sentiments, sans oublier les exercices physiques et la discipline du corps, nécessaires à la santé
de l'esprit, c'est en un mot toute l'hygiène morale
et physique, adaptée à chaque individualité.

Tels sont les principes généraux de cette éducation prophylactique qu'une mère intelligente,
dirigée par un médecin psychologue, saura donner
à l'enfant pour que l'âme soit fortement trempée
contre l'automatisme des suggestions morbides ou
pernicieuses.

Il existe aussi une prophylaxie des suggestions
collectives. Mais combien plus difficile et plus
délicate! Les idées, les passions, les impressions
psychiques diverses, se répandent et se généralisent
par suggestion réciproque : peu osent se mettre
en travers d'une opinion reçue; ils l'épousent
instinctivement surtout lorsque cette opinion vibre

avec un sentiment, quelquefois factice. *Vox populi,
vox Dei*, dit-on. On peut dire aussi : *Vox populi,
vox diaboli*.

Éduquer l'humanité, comme l'individu, lui
suggérer les notions morales qui la prémunissent
contre les suggestions malsaines ! Mais où est la
vraie morale ? Chaque peuple, chaque société
l'adapte à ses intérêts et la fausse, parfois inconsciemment. Les religions même, déformées souvent
par l'intervention humaine, peuvent la sophistiquer.
On pouvait croire que la culture scientifique,
épurant l'âme en développant l'esprit, la dégage
des instincts méchants et vils, et l'élève libre et
généreuse au-dessus des erreurs grossières et
malfaisantes. Et cependant nous avons vu des
intellectuels de premier ordre, suggestionnés par
des succès de guerre, et infatués par l'idée de leur
propre infaillibilité cérébrale, applaudir avec
frénésie des crimes monstrueux ; quelques-uns,
dit-on, regrettèrent plus tard leur manifestation,
quand des alternatives d'insuccès eurent abaissé
quelque peu le diapason de leur morgue colossale.

Comme chez la foule abrupte, chez les savants raf-
finés, mais cachée chez eux sous un vernis de culture,
la bête humaine féroce reparaît parfois et rompt sa
muselière, déchaînée par les passions individuelles
ou au choc des suggestions collectives.

La culture scientifique ne suffit pas à préserver

contre elle. L'éducation de l'esprit n'est pas celle du cœur.

Quand la morale sociale aura trouvé sa vraie formule, quand elle sera délivrée des mixtures malsaines qui, depuis les premiers temps de l'humanité, transmises par une suggestion séculaire, l'enserrent encore dans une gangue grossière, quand elle sera pure et vraie comme un évangile nouveau, faite à l'image de Dieu, du Dieu de tous, et non de celui que les Allemands ont créé à leur image et à leur usage, alors seulement, si cet alors vient jamais, la culture morale et l'éducation pourront revendiquer un rôle efficace dans la lutte prophylactique contre les suggestions collectives pernicieuses.

CHAPITRE V

Libre arbitre. — Responsabilité morale.

Avec cette doctrine que toute idée est une suggestion, et que la suggestion, c'est le déterminisme qui nous fait agir, que devient la question du libre arbitre ? Peut-on dire avec Spinoza « La croyance au libre arbitre n'est que l'ignorance des motifs qui nous font agir » ? Mais ces motifs, souvent nous les connaissons. Ce sont surtout nos sentiments, intérêt, désir, ambition, passion, raison, conventions sociales, etc., qui dictent notre conduite dans les diverses circonstances de la vie. Quelquefois nous agissons sous l'impulsion d'une de ces causes, sans réfléchir : l'idée et l'acte se déclanchent brusquement. D'autres fois, en face d'une décision à prendre, plusieurs idées se présentent à nous, et entre ces idées nous pouvons hésiter et, après un certain temps de réflexion,

choisir. C'est une détermination libre. C'est bien
le libre arbitre, disent ses adeptes.

Mais pourquoi, disent ses adversaires, « les uns
se déterminent-ils dans un sens, les autres dans
un autre sens? C'est que chacun est déterminé
par sa modalité psychique et sentimentale qui
dicte son désir et sa volition. Les décisions sont
subordonnées à la mentalité. Le libre arbitre n'est
qu'une apparence. »

Toutes les religions et ceux qui les professent
croient naturellement au libre arbitre. L'homme
a devant lui deux chemins, celui de la vertu et
celui du vice. Il est libre de choisir l'un ou l'autre.
Celui qui choisit le premier sera récompensé,
celui qui choisit le second sera puni. La justice
officielle et ceux qui ont mission de la rendre
admettent aussi le libre arbitre, sans lequel leurs
verdicts ne seraient pas justes. Les médecins et
les aliénistes, consultés par la justice, disent en
général que l'homme sain d'esprit est responsable;
l'aliéné seul ne l'est pas. Le demi-fou, celui qui a
une tare mentale, sans être à proprement parler un
aliéné, aurait une responsabilité atténuée.

Certains psychologues et certains médecins,
s'ils ne sont pas croyants ou spiritualistes,
mettent en doute le dogme du libre arbitre. Mais
tous, spiritualistes et matérialistes, partisans ou
adversaires de ce dogme, se comportent dans

la vie courante, comme s'ils y croyaient, ils repoussent impitoyablement le voleur, l'escroc et ne le défendent pas, même s'ils savent que c'est un impulsif irresponsable; aucun ne consentirait à unir sa fille au fils d'un escroc, même si ce fils est le plus honorable des hommes, parce qu'ils ont peur de braver les conventions sociales: leur propre liberté est aliénée par le préjugé. La fiction du libre arbitre et de la responsabilité est presqu'une nécessité dictée par l'organisation actuelle de nos sociétés, dans les pays civilisés.

« Nous devons constater, dit J. Falret, comme un fait indiscutable, c'est que malgré les protestations impuissantes de quelques écoles philosophiques, le sentiment intime et le sens commun de l'humanité dans tous les temps et chez tous les peuples, dans l'ensemble de l'humanité et chez chacun de nous en particulier, proclament d'une manière indubitable ce grand fait de la liberté morale, et par conséquent, de la responsabilité légale que chaque homme doit subir comme conséquence de la violation des lois humaines, que la morale et la législation ne peuvent pas avoir d'autre base, et que les adeptes même des écoles matérialistes et fatalistes sont obligés dans la pratique d'arriver aux mêmes conséquences que les partisans de la liberté morale ».

1. J. Falret. Responsabilité légale des aliénés. Dictionnaire encyclopédique des sciences médicales.

Je suis spiritualiste, et cependant je pense qu'on peut dire que psychologiquement il n'y a pas de libre arbitre *absolu*, ni, par conséquent, de responsabilité morale *absolue*.

Les hommes sont dissemblables, aux points de vue physique, intellectuel et moral. Deux frères peuvent ne pas se ressembler. Élevés dans le même milieu, soumis à la même éducation, ils peuvent évoluer différemment; l'un sera bon, doué de cœur et d'esprit; l'autre restera un débile intellectuel et moral. Chacun est prédestiné dans une grande mesure. Il est dans l'œuf ce qu'il sera plus tard, quand l'éducation aura mûri, s'il y a lieu, ce qu'il y a dans l'œuf.

Nous portons nos ancêtres en nous. Nos traits physiques, l'expression de notre physionomie, l'air de famille viennent d'eux. On peut ressembler à un grand-oncle qu'on n'a pas connu, avoir sa démarche, son intonation de voix, ou un tic particulier qu'il avait. Un de mes amis trouva un jour par hasard un manuscrit de son arrière-grand-père et constata avec surprise qu'il avait une écriture absolument identique à la sienne.

De même que nous héritons plus ou moins de certaines conformations physiques de nos aïeux, ils peuvent nous transmettre aussi certaines qualités intellectuelles. Tel a la tournure d'esprit, les tendances philosophiques, l'esprit de contradic-

tion, la grandiloquence suffisante, ou le jugement lent et réfléchi de son père ou de son oncle.
Tel est mathématicien, poète, artiste, contemplatif,
quand son père ne l'est pas, il est vrai : mais on
retrouve son aptitude spéciale parmi ses antécé-
dents ancestraux.

L'éducation ne développe que les aptitudes
existant en germe : elle ne fera pas un musicien,
un peintre, un homme de lettres, de toutes pièces,
de celui qui n'a pas, comme on dit, la bosse
spéciale; elle ne crée pas une faculté qui n'existe
pas à l'état embryonnaire. On ne fait pas ce qu'on
veut. Le cerveau ne vient pas au monde comme
une terre inerte dans laquelle on sème à volonté.
Il naît chez chacun avec certains instincts, avec
des germes individuels, qui évoluent spontanément
dans une certaine mesure et se développent surtout par l'éducation. Il naît même avec des
notions déjà existantes, transmises par atavisme,
on peut presque dire par suggestion héréditaire.

Un enfant élevé dans l'isolement, abandonné à
lui-même, ne serait pas, je pense, absolument
dépourvu d'idéation ; il trouverait sans doute dans
son cerveau les ressources intellectuelles instinctives et les notions suffisantes pour prendre les
aliments à sa portée et les mettre dans sa bouche,
pour fuir un danger en se cachant, pour exprimer
par un langage mimique certains désirs, certains

besoins; il déploierait même une certaine initiative ingénieuse pour arriver à ses fins.

Mais chez l'enfant nouveau-né, cette intelligence instinctive est très rudimentaire; il a peu de notions, il n'a que des germes qui se développent plus tard.

L'animal nouveau-né a plus d'intelligence instinctive que l'enfant, il a plus de notions. L'oiseau construit son nid, le castor fait sa niche, les abeilles vont récolter leur miel, le distillent et font les rayons, les fourmis s'associent, organisent leur existence sociale, coordonnent leurs efforts avec intelligence et raisonnement, tous font leur œuvre sans l'avoir appris; ils trouvent dans leur cerveau les données psychiques nécessaires à ce but, car ce n'est pas le simple automatisme réflexe inconscient qui peut réaliser des actes aussi complexes et témoignant d'une initiative personnelle, variant suivant les circonstances.

Mais l'intelligence de l'animal reste toujours instinctive, ce qu'elle est dans l'enfance : elle ne se développe que dans une mesure fort restreinte avec les années. Les oiseaux construisent toujours leurs nids de la même façon, sans les améliorer. Les oiseaux d'aujourd'hui les font comme ceux d'il y a mille ans. Les notions inscrites dans leur cerveau se transmettent aux nouvelles générations et ne se perfectionnent pas. L'intelligence de

l'animal est subordonnée à ses besoins matériels ;
il n'a pas de notions abstraites ; il ne cultive pas
les arts ou les sciences ; il ne s'élance pas comme
l'homme en dehors de lui-même, à la conquête de
l'inconnu. L'animal est un produit intellectuel
atavique, non de culture ; il reste rudimentaire.
L'homme est un produit atavique et surtout de
culture, qui se perfectionne indéfiniment.

L'hérédité peut affecter les sensibilités géné-
rales, sensorielles, émotives. Avoir certaines
régions cutanées très sensibles au toucher, ne
pas supporter sans malaise une lumière trop
vive, un bruit trop intense, une odeur forte, rougir
ou pâlir d'émotion pour des causes insignifiantes,
ce sont chez certains des impressions natives
transmises par un parent ; ce sont des hyperes-
thésies instinctives de la sensibilité. L'hérédité
enfin, nous disons l'innéité quand les antécé-
dents héréditaires sont inconnus, peut affecter les
qualités morales, comme les qualités physiques,
intellectuelles ou de sensibilité.

On naît avec de bons ou de mauvais instincts
ou un mélange des deux. Ces stigmates moraux,
déjà dessinés dans l'enfance, peuvent s'accentuer
pendant la vie, modifiés ou non par l'éducation.
On est altruiste ou égoïste, docile ou indocile,
honnête ou malhonnête, moral ou amoral, franc ou
menteur, austère ou jouisseur ; paresseux ou

laborieux, avec toutes les nuances intermédiaires.
Chacun a son individualité morale, comme il a
son individualité physique et psychique. Sans
doute, l'éducation peut corriger dans une certaine
mesure les défectuosités natives. Quand le sens
moral est faible, elle peut le développer dans une
certaine mesure, comme elle peut apprendre un
peu de mathématique ou de musique à celui qui
est peu doué pour ces matières ; mais elle ne peut
créer le sens moral, s'il est totalement absent ; elle ne
peut transformer un amoral complet en être doué
de moralité. Elle peut intervenir parfois en empêchant les mauvais instincts d'être nuisibles, par
d'autres suggestions coercitives ou compensatrices.
A un être égoïste, peu compatissant à la souf-
france d'autrui, au cœur sec, elle peut arriver
parfois à inculquer la notion du devoir, le sens du
juste et de l'injuste, ou l'idée religieuse. Le sujet
ne tombera pas dans les actes répréhensibles que
l'égoïsme lui dicterait, puisqu'il a la notion, s'il
n'en a pas le sentiment, du devoir d'humanité ; il
sera retenu par des scrupules religieux, de point
d'honneur, ou même d'intérêt personnel. Dans ce
conflit de suggestions diverses, les bonnes créées
ou développées par culture pourront neutraliser les
mauvaises de l'atavisme.

Mais il y a des cas où l'éducation fait défaut ou
reste impuissante. Il y a des cas où une culture

mauvaise exagère les vices natifs, et transforme
un sens moral peu robuste, facile à égarer par
des sophismes suggestifs, en perversion ou inver-
sion morale. Cette culture à rebours peut être
collective, et affecter ou infecter les masses. La
guerre nous en fournit de tristes exemples dans la
race allemande.

Il y a des sujets bien équilibrés qui peuvent
faire le contrôle de leur personnalité morale et
appliquer leur attention et leur volonté à son
perfectionnement. D'autres moins bien doués ne le
peuvent pas; ils aiment leurs défauts et les cul-
tivent; ou bien ils ne s'en rendent pas compte ; ou
bien ils sont trop impulsifs pour réagir. Ils restent
à peu près ce qu'ils sont.

Les éducateurs, les patrons, les chefs militaires,
les conducteurs d'hommes connaissent souvent
bien les aptitudes intellectuelles et morales de leurs
subordonnés. Ils choisissent pour certaines mis-
sions, celui qui leur paraît le plus apte à la remplir,
par son sang-froid, son ingéniosité, son endurance
physique, voire même par l'absence de scrupule,
ils mettent *the right man in the right place*. Ils
savent que la bonne volonté ne suffit pas ; chacun
rend ce qu'il peut et non ce qu'il veut ou ce qu'on
veut.

Si les produits de la vie cérébrale, pensée, sentiments, volonté, actes corrélatifs, sont subordonnés

à l'organisation individuelle de chaque cerveau, à
sa contexture psychique et morale, si chacun est
déterminé par cette contexture native, que l'éducation ne peut modifier que dans une certaine
mesure, que devient la liberté morale et la responsabilité? Est-on responsable d'avoir un physique
désagréable? Est-on responsable de n'avoir aucune
aptitude artistique ou littéraire? Est-on responsable d'être né amoral, immoral, vicieux? Tel vole
et tue sans scrupule, quand son intérêt est en
jeu; c'est une brute amorale. Ce serait pros-
tituer le mot responsabilité que de l'appliquer
à cet être. C'est là un cas extrême, exceptionnel.
Mais tel autre, après une existence honnête et
honorable, ruiné par des malheurs immérités,
faiblit moralement sous la pression des circonstances et commet des actes d'escroquerie. Il a eu
un moment d'aberration. Avait-il son libre arbitre?
Quel est son degré de responsabilité ?

Tel autre, qui n'avait jamais failli, égaré par une
passion violente, colère, haine, amour, agit mal. Sa
passion a fait le mal. Peut-on coter sa responsabilité?

Dans le tumulte des mobiles bons ou mauvais
qui se disputent le pauvre cerveau humain, la
détermination se fait dans le sens de l'impulsion
la plus forte, qui n'est pas toujours la meilleure,
qui n'est pas toujours adéquate au caractère
habituel, à la mentalité normale du sujet.

Les médecins et les aliénistes, appelés à donner un avis sur la responsabilité, se contentent souvent d'examiner si le sujet a une maladie mentale cataloguée, délire de persécution, mélancolie, manie, démence, folie circulaire, paralysie générale, etc., qui supprime sa liberté morale. S'ils constatent que le sujet n'est pas aliéné, et a toute sa raison au moment de l'examen, ils concluent qu'il est responsable de ses actes. Mais les aliénés eux-mêmes, en dehors de leur délire spécial, peuvent avoir des moments de lucidité parfaite ; et des sujets très sains d'esprit peuvent avoir des moments d'aberration passagère qui altère leur raison, et leur sens moral. Une violente colère produit une folie momentanée qui peut pousser aux actes criminels ou délictueux. Les autres passions agissent de même : et cependant ce ne sont pas des maladies mentales. Entre l'impulsion passionnelle absolument irrésistible qui supprime totalement la liberté morale, et le mobile passionnel léger qui la restreint dans une mesure faible, toutes les nuances existent. Ce sont là des vérités d'observation banale qui s'élèvent contre le dogme de libre arbitre absolu.

Mais, dit-on, « si vous mettez en doute le libre arbitre, vous mettez en doute aussi la responsabilité humaine, et vous sapez la société sur ses bases. Plus de responsabilité, plus de justice, plus de peines! Toute notre organisation sociale croule. Il faut maintenir le dogme, même s'il n'est pas absolu, même si c'est une fiction. Ce subterfuge est nécessaire pour sauver la société. »

Mais l'impunité est-elle le corollaire de la responsabilité morale nulle ou douteuse?

A côté de la responsabilité morale douteuse, il y a la responsabilité légale qui ne l'est pas. Tout acte mauvais ou nuisible, tout préjudice causé doit être réprimé, que l'auteur en ait ou non la responsabilité morale. Un mécanicien dont une distraction involontaire a causé un désastre, celui qui dans un moment de passion s'est oublié et a frappé, encourent les peines édictées par les lois. C'est l'acte qui est réprimé dans la personne de son auteur. Ce n'est pas un châtiment, c'est une mesure de préservation et de défense sociale. C'est aussi souvent une suggestion salutaire.

Mais la condamnation ainsi considérée ne mérite pas le caractère souvent infamant, qui rejaillit à tort sur la famille du condamné. L'intérêt social est sauvegardé, bien qu'on apprécie les faits avec plus de justice et de vérité!

La laideur et la beauté physiques et morales existent toujours. Un monstre moral, responsable ou non, n'en est pas moins un objet de répugnance et d'aversion. C'est un vilain spécimen de l'humanité! S'il est nuisible, la société doit le mettre

dans l'impuissance de nuire. Un grand philan-
trope qui répand les bienfaits ou un grand génie
qui fait une découverte féconde, grâce à leurs qualités natives de cœur ou d'intelligence dont ils ne
sont peut-être pas responsables, n'en soulèvent
pas moins le respect et l'admiration. Ce sont de
beaux spécimens de l'humanité.

On dira encore : « Si tout est suggestion, si tout
est déterminisme, ce qui arrive doit arriver. C'est
le fatalisme ! » Ils ont bien mal compris notre doctrine, ceux qui en déduisent cette conséquence.

A côté de l'atavisme et de l'innéité, à côté des
suggestions pernicieuses d'où qu'elles viennent,
sont les suggestions salutaires acquises. C'est
l'éducation qui développe les bonnes aptitudes, qui
réprime ou neutralise les mauvaises, qui féconde
utilement le terrain et fait éclore les germes bien-
faisants, qui renforce la personnalité humaine et
lui donne le sentiment d'une liberté morale plus
grande ; car, je le répète, le cerveau humain n'est
pas seulement un produit atavique, il est aussi et
surtout un produit de culture.

L'absence de libre arbitre absolu est compatible
avec le sentiment religieux le plus pur. Elle implique
seulement que la justice absolue n'est pas de ce
monde. Mais la substitution de la vérité à la fiction
n'empêche pas la responsabilité légale, et ne
modifie en rien les bases de l'ordre social.

CHAPITRE VI

Psychonévroses et éléments psychonerveux des maladies. — Conception du mot hystérie.

Avant d'aborder la question de la suggestion thérapeutique, il importe de bien définir le sens des mots *névrose* et *psychonévrose*. Car ce sont les psychonévroses seulement, et l'élément psychonerveux des maladies, qui sont justiciables de cette suggestion. Contre les évolutions organiques, elle ne peut avoir aucune influence directe.

On appelle névrose un trouble purement fonctionnel du système nerveux, sans lésion. Ceci appelle une explication. En réalité, tout trouble fonctionnel, comme d'ailleurs l'exercice normal de la fonction, implique une modalité organique. Quand une cellule cérébrale manifeste de la pensée, ou commande un mouvement, il se passe en elle quelque chose qui n'existe pas dans la cellule cérébrale inerte, bien que ce quelque chose puisse échapper à nos moyens d'investigation. J'appelle cela *dynamisme fonctionnel* ou *modalité dynamique*. C'est une modification physiologique, ce n'est pas une lésion.

Mais la fonction, au lieu d'être normale, peut subir une modification passagère. La pensée peut être obnubilée, la volonté peut être chancelante ; la force musculaire peut être affaiblie ; cela ne dure qu'un instant ; spontanément elles redeviennent normales. Dans ce cas la modalité dynamique dépasse faiblement la mesure compatible avec le fonctionnement physiologique ; elle est un peu anormale. Mais sa reconstitution rapide et spontanée à l'état normal nous permet encore de la considérer comme simplement dynamique ; ce n'est pas encore une lésion.

Si le trouble fonctionnel s'exagère, la modification dynamique augmente graduellement, et il arrive un moment où l'élasticité de retour à l'état normal n'existe plus ; nous disons alors qu'il y a lésion ; elle met un certain temps à *évoluer* et à se réparer. Mais tant que cette élasticité existe, tant que la modification organique est susceptible de s'effacer vite, sans évolution, nous disons : modalité dynamique, trouble fonctionnel ; c'est une *névrose*.

Cela posé, appellera-t-on névroses toutes les maladies caractérisées par des troubles fonctionnels, sans lésion constatée ? Ce serait enlever à ce mot sa signification pour en faire une classe provi-

soire de maladies, ce qui s'est fait et se fait encore.
C'est ainsi que, par exemple, l'ataxie locomotrice,
la paralysie dite essentielle de l'enfance, le tétanos,
autrefois classés comme névroses, alors que leurs
lésions n'étaient pas connues, sont devenus la
sclérose des cordons postérieurs de la moelle, une
poliomyélite, une maladie microbienne. D'autres
maladies dont la lésion pathogénique reste inconnue,
telles que la coqueluche, la chorée, l'épilepsie,
l'asthme essentiel, la neurasthénie sont encore considérés par beaucoup comme des névroses. Et
cependant ces maladies ont une *évolution clinique* ;
la coqueluche, la chorée, durent plusieurs semaines,
rebelles à toute influence psychique, elles ne sont
pas d'origine ni de nature émotive. L'asthme essentiel, l'épilepsie sont incurables et répètent leurs
accès sans cause ; ce ne sont certainement pas de
simples troubles fonctionnels ; il y a quelque chose
de lésé dans l'organisme qui les produit.

La névrose par excellence, au dire de tous les
médecins, la grande psychonévrose, à côté de l'hystérie, serait la neurasthénie, créée par le surmenage ou les émotions morales vives et prolon-
gées. Neurasthénique est devenu synonyme de
névrosé, d'anxieux. Depuis mes études sur la
suggestion, je n'ai pu me rallier à cette opinion.

Sans doute, à la suite de surmenage, d'émotion,
de déception, on voit des sujets déprimés, tristes,

découragés, ne dormant plus, ne digérant plus, en proie à un profond malaise, physique et moral. Ceux-ci, la psychothérapie, les diversions, la suppression de la cause, les remettent facilement d'aplomb. *Ce sont des névroses émotives, ce ne sont pas de vraies neurasthénies.*

La vraie neurasthénie éclate souvent sans cause, sans émotion ; elle n'est pas particulière aux classes raffinées qui surmènent leur cerveau dans le *struggle for life;* je l'ai trouvée aussi fréquente dans la population hospitalière, ouvrière et rurale, chez ceux qui n'ont pas eu de préoccupations. Outre l'asthénie physique et morale, l'anxiété, les idées déprimantes et hypocondriaques qui la caractérisent, elle a souvent des symptômes physiques variables, sentiment de vide, de lourdeur, de douleurs dans la tête, vertiges, bourdonnements d'oreille, lassitude, engourdissement, dyspepsie, entérite, parfois de l'exagération des réflexes tendineux, symptôme qui indique une exagération de l'action excitomotrice de la moelle, et qu'on ne rencontre jamais dans l'hystérie et les autres névroses, mais seulement dans les affections spinales et les maladies infectieuses intéressant la moelle, etc. Suivant les sujets, ces manifestations sont variables, dominant chez les uns dans le cerveau, chez d'autres dans les autres domaines nerveux.

La maladie peut procéder par accès d'une durée

moyenne de six mois, se répétant à des intervalles variables de une à plusieurs années, avec périodes de santé souvent parfaite. Rares sont les neurasthéniques qui n'ont pas deux ou trois accès dans la vie. D'autres fois la maladie est continue, avec alternatives de rémission et d'exacerbation.

Au début de mes études sur la suggestion, croyant avec tous les médecins que la neurasthénie n'était qu'une modalité psychique et nerveuse, purement fonctionnelle, je m'évertuai à la traiter par tous les procédés de la psychothérapie : mais je dus me convaincre que si elle peut parfois donner confiance au malade et soulager quelques symptômes psycho-nerveux ajoutés, elle ne peut, pas plus que les autres médications, enrayer, ni abréger cette évolution. Quand elle vient par hasard, à la fin de la crise, elle peut faire illusion sur son efficacité.

La neurasthénie n'est pas une névrose, c'est une évolution morbide constitutionnelle due, sans doute, à un principe nocif toxique qui s'est constitué dans l'organisme, soit par la biochimie nutritive, soit par un vice des sécrétions internes, évolution qui a son temps, qui dure ce qu'elle dure.

Ainsi en est-il aussi des maladies mentales, comme mélancolie, délire de persécution, folie circulaire, phobie du doute, manie, démence précoce, etc., ce ne sont pas de pures névroses cérébrales, de purs dynamismes fonctionnels. Elles durent leurs

temps, sont périodiques, continues ou progressives.
Les divers procédés de la psychothérapie restent
impuissants.

Les fonctions cérébrales ne peuvent pas être si
profondément altérées d'une façon durable sans que
l'organe qui fait la fonction soit lésé.

Sans doute ces lésions nous échappent souvent. Mais de même, certaines intoxications cérébrales ou nerveuses chroniques, telles que celles par
l'opium, la nicotine, le haschisch, la digitale, la
strychnine, etc., ne laissent ou peuvent ne laisser
aucune altération visible à l'œil nu ou au micros-
cope, et cependant elles déterminent une maladie
évolutive souvent mortelle. Ce ne sont pas des névroses. Les cellules et fibres nerveuses n'ont pas
seulement leurs éléments histologiques visibles : le
sang, les humeurs qu'elles contiennent, les produits
chimiques qui les constituent, font partie de leur
organisation. Une toxine ou un toxique incorporé
dans ces éléments en altère la constitution chi-
mique, si elle n'en altère pas l'aspect ; elle fait en
réalité une altération organique qui peut se dérober, mais ne se dérobera pas toujours à notre
investigation.

Pour qu'un trouble fonctionnel ou une maladie
puisse être qualifié de névrose, il ne suffit donc
pas qu'aucune lésion ne soit constatée ; il faut, de
plus, que l'évolution de ce trouble montre qu'il n'y

a pas de processus organique; qu'il puisse disparaître rapidement, souvent aussi vite qu'il est venu, ou qu'il soit entretenu par la seule émotivité ou le seul psychisme.

Voici un sujet qui, à la suite d'une émotion, est pris de tremblements dans les mains. C'est une névrose émotive créée par l'émotion et qui peut être entretenue par cette émotion persistante. Mais celle-ci peut disparaître et le tremblement continuer par autosuggestion, c'est-à-dire par l'idée, le psychisme. La *névrose est devenue psychonévrose*; elle cède au traitement psychique.

Voilà deux sujets affectés d'aphonie. L'un a été pris brusquement à la suite d'une vive émotion morale. Il a voulu parler; il n'a pas pu : *vox faucibus hæsit*. L'autre a eu de l'enrouement par laryngite; cet enrouement exagéré par le sensorium, c'est-à-dire par autosuggestion, est devenu de l'aphonie. L'émotion a disparu chez le premier; la laryngite a disparu chez le second. L'aphonie a persisté par l'idée. Ce sont des névroses laryngées, l'une d'origine émotive, l'autre d'origine organique; toutes deux devenues psychonévroses laryngées, c'est-à-dire, entretenues sans cause par le psychisme autosuggestif et justiciables de la psychothérapie.

Un vomissement accidentel dû à une indigestion peut se répéter à chaque repas, sans cause, par le psychisme. L'idée de vomir fait vomir. C'est une *psychonévrose gastrique.*

Tel à la suite d'une contusion ressent dans les membres inférieurs une sensation d'engourdissement qui devient une anesthésie complète; elle guérit par suggestion. C'est une *psychonévrose de sensibilité.* Les détonations d'obus ou de torpilles explosives ont souvent produit des surdités ou des cécités passagères, quelquefois survivant au choc traumatique ou émotif, par autosuggestion. Ce sont souvent des surdités ou cécités psychiques, des *psychonévroses sensorielles.*

Les fonctions génitales peuvent être inhibées accidentellement par une impression normale, et cette inhibition, *aiguillette nouée,* peut se reproduire à chaque tentative par l'émotion suggestive; c'est une *psychonévrose génitale.*

Un cerveau concentré sur un objet ou une idée peut transformer cette impression en image ou hallucination. Un mauvais rêve, un cauchemar nocturne, une phobie accidentelle, peuvent se répéter par réminiscence autosuggestive ; ce sont des *psychonévroses psychiques.* L'hallucination du rêve peut être considérée comme une *psychonévrose physiologique.*

Une névrose peut être créée directement par l'idée, par le psychisme, elle est *d'emblée psycho-*

nerveuse. Tels les grimaces, le clignement des paupières, les crises de nerfs, contractés par imitation à la vue de sujets affectés de ces symptômes. Telle une hallucination née de l'idée concentrée qui en fait l'objet. L'idée du phénomène fait le phénomène.

Les manifestations dites hypnotiques provoquées : catalepsie, anesthésie, contractures, illusions, hallucinations, actes réalisés, sont autant de phénomènes psychonerveux, expérimentalement faits et défaits par la suggestion ; l'esprit actionné par l'idée suggérée les crée. Il ne crée pas les maladies organiques qu'on lui suggère ; il ne reproduit que les névroses, susceptibles aussi de se produire spontanément par l'émotivité et le psychisme.

Il y a intérêt, je pense, à différencier les mots névrose psychique et psychonévrose. Je propose d'appeler *névrose psychique toute névrose constituée par des troubles psychiques* : illusions, hallucinations, amnésie, pensée vague ou confuse, etc.; quand ces troubles sont passagers et sans lésions, purement dynamiques ; ils peuvent être de cause émotive, et ne deviennent psychonévroses que lorsque, la cause émotive ayant disparu, ils sont retenus par le psychisme seul, par représentation mentale. J'appelle *psychonévrose toute névrose créée d'emblée ou entretenue par le psychisme.*

Cette psychonévrose peut ne présenter aucun trouble psychique; elle peut être gastrique, laryngée, motrice, génitale, etc., dans ce cas, c'est une psychonévrose, ce n'est pas une névrose psychique. D'autres fois, elle est en même temps psychonévrose et névrose psychique, comme dans les exemples que j'ai relatés.

Ces manifestations diverses des névroses et des psychonévroses peuvent s'associer d'ailleurs aux maladies organiques. Une névrite, un traumatisme, une colique hépatique, une migraine violente, etc., peuvent engendrer des secousses nerveuses, des défaillances, des crises d'hystérie. J'ai vu un violent frisson de fièvre dégénérer en convulsions hystériformes. L'anxiété d'une mélancolie peut créer de l'oppression, des battements de cœur, des hallucinations, des crises de nerfs. La faiblesse d'un convalescent peut être convertie par l'impressionnabilité psychique en paraplégie.

Tous ces phénomènes, surajoutés par le psychisme, sont souvent susceptibles d'être détachés par la psychothérapie de la maladie fondamentale, qui l'a suggérée, et qui continue alors à évoluer seule, dégagée de son addition psychonerveuse.

Si j'ai insisté quelque peu sur cette conception des psychonévroses, c'est que cette notion me paraît indispensable, aussi bien aux psychologues qu'aux médecins. Les psychonévroses constituent

une bonne part de notre vie normale et pathologique;
elles constituent le fonds sur lequel seul peut et
doit agir la psychothérapie.

Un mot encore sur le mot hystérie dont les
psychologues, à la suite des médecins, se font
une conception erronée. Aucune histoire n'est
plus curieuse, plus instructive que celle de l'hystérie pour montrer l'influence désastreuse du mot
sur la chose.

Ce mot s'appliquait primitivement dans les
livres hippocratiques aux crises de nerfs, bien
différenciées d'avec les crises d'épilepsie, et
qu'on croyait exclusivement dévolues aux femmes :
crises convulsives avec contorsions et grands
mouvements, crises de contracture, de sommeil,
de délire, d'hallucinations, etc. Ces crises souvent accompagnées de sensation de boule remon-
tant du ventre à la gorge et produisant de la
suffocation, appelées crises hystériques, étaient con-
sidérées comme d'origine utérine; et cette doctrine utérine a compté des partisans jusqu'au siècle
dernier, où elle devint utéro-ovarienne. Cependant à partir du xviie siècle, avec Ch. Lepois et
Sydenham, l'hystérie fut considérée comme une
maladie du cerveau ou du système nerveux général; la doctrine utérine ne fut plus exclusive.

En réalité la crise d'hystérie est une névrose

d'origine émotive. Certains chocs émotifs produisent chez nous tous des réactions réflexes sur le système nerveux cérébro-spinal, se traduisant par des troubles variables, tremblements, secousses musculaires, strangulation, constriction thoracique, cris, stupeur, divagation, etc. Ces troubles sont ordinairement passagers et vite l'équilibre se rétablit. Chez certains sujets ces troubles s'amplifient en durée et en intensité et deviennent alors des crises de nerfs. Chaque sujet a ses émotivités spéciales et ses réactions nerveuses individuelles qui déterminent la nature de la crise. Chez d'autres, certaines émotions, au lieu de déterminer des crises d'hystérie, provoquent d'autres symptômes variables; tels que battements de cœur, céphalée, indigestion, urticaire, etc. Les crises ne sont qu'une des manifestations possibles engendrées par l'émotion. Ces crises, chez certains, peuvent se répéter facilement par la même émotion, ou par réminiscence émotive, c'est-à-dire par autosuggestion, d'autant plus fréquentes qu'elles se sont répétées plus souvent, comme toutes les modalités dont le mécanisme est devenu familier au système nerveux. — *La névrose hystérique est devenue psychonévrose; le sujet est devenu hystérisable.* Nous verrons que cette hystérabilité est facilement curable par l'éducation suggestive.

Telle est la conception du mot hystérie, comme je l'ai le premier établie[1]. Mais ce mot appliqué d'abord à la simple crise, alors qu'elle était attribuée à l'utérus, à l'ovaire ou au système nerveux, n'a pas tardé à dévier de son sens primitif.

Ce qui frappe à l'aspect de ces crises, c'est la déséquilibration complète de toutes les fonctions cérébro-spinales ; mouvements, sensations, idéation, affectivité, tout est désordonné pendant ces paroxysmes impressionnants qui secouent ou sidèrent l'organisme, comme si un démon hystérique bouleversait tout le domaine nerveux.

Il semblait naturel de penser que ces crises paroxystiques de déséquilibration envahissent surtout les cerveaux prédisposés qui, dans leur état normal déjà, ne sont pas pondérés, que la crise d'hystérie correspond à un caractère hystérique.

De nature excessivement mobile, versatiles, fantasques, capricieuses, passant avec une extrême rapidité du rire aux pleurs, sans motifs sérieux, tantôt très loquaces, aimables, enjouées, tantôt sombres et taciturnes, elles ont des engouements ou des antipathies injustifiés, quelquefois pour la même personne ; elles peuvent être sensibles à l'excès pour les motifs les plus futiles, indifférentes à l'annonce d'un grand malheur, irascibles pour un mot mal nterprété, tour à tour bienfaisantes ou

---

1. Bernheim. *L'Hystérie. Définition et conception.* O. Doin, 1913.

cruelles, douces ou emportées, volonté toujours
chancelante et défaillante : cette mobilité extrême
d'esprit et de dispositions affectives rendent compte
de l'impossibilité de porter longtemps leur attention sur une lecture, une étude, un travail.

Elles ont des mouvements de colère, des en-
thousiasmes irréfléchis, des affolements de déses-
poir, des mouvements d'emportement pendant
lesquels elles frappent du pied, brisent les meubles.
Les hystériques s'agitent et les passions les mènent.
Tels seraient les traits principaux du portrait des
hystériques, tel qu'il a été, entre autres, tracé par
Huchard et adopté par Ribot[1]. On dit encore
qu'elles ont moins d'affection, moins de sentiments
de famille, moins de pudeur. Enfin on les dit
érotiques, menteuses, simulatrices.

Quand une femme présente plusieurs traits de ce
tableau, on l'appelle déséquilibrée hystérique. Le
mot s'est si bien adapté à ce caractère mobile et
fantasque qu'il fait image. Une hystérique pour le
public et aussi pour les médecins est plutôt une
femme déséquilibrée qu'une femme à crises de
nerfs.

Y-a-t-il une relation entre ce caractère dit
hystérique et l'aptitude aux crises de nerfs? J'affirme qu'il n'y en a pas et tous les médecins qui
voudront observer sans idée préconçue seront

1. Ribot. *Maladies de la volonté.*

pénétrés de cette vérité. L'immense majorité des
femmes à caractère dit hystérique n'ont pas de
crises : elles peuvent en avoir comme les autres,
mais certainement pas dans une proportion plus
grande. D'autre part, les femmes à crises de nerfs
n'ont en général pas ce caractère : beaucoup sont
pondérées, ont de la suite dans les idées, beaucoup
sont pleines de sentiments et de cœur, d'un idéal
moral très élevé; ni menteuses, ni simulatrices, ni
érotiques. Sans doute elles sont impressionnables,
elles ont des émotivités, spéciales hystérogènes.
Mais en dehors de leurs crises, je ne leur ai pas
trouvé de caractère spécial ; elles peuvent avoir
d'ailleurs les mêmes tempéraments, les mêmes
vertus, les mêmes vices que les autres.

Le caractère dit hystérique n'est pas corrélatif
de crise d'hystérie.

Il faut donc, au point de vue médical et psychologique, différencier complètement les mots crises
d'hystérie, diathèse hystérique ou aptitude à en
avoir, et caractère hystérique.

L'hystérique mondaine est souvent une hystérique de roman; ce n'est pas pour le médecin une
hystérique, si elle n'a pas de crises.

Une seconde fois le mot hystérie a dévié de son
sens primitif en s'appliquant aux innombrables
psychonévroses autres que la crise. Tels sont,

comme nous l'avons vu, les paralysies psychiques, les anesthésies nerveuses, la contracture nerveuse, l'aphonie, la toux, les vomissements nerveux, l'amaurose et la surdité psychiques, et tous ces symptômes peuvent exister, il est vrai, chez des sujets qui ont des crises de nerfs, mais ils existent le plus souvent chez des sujets qui n'ont et n'auront jamais de crises.

Faut-il les qualifier d'hystériques, comme on le fait? Faut-il assimiler un bâillement répété par imitation, une aphonie consécutive à un enrouement, exagéré et entretenu par le psychisme, une contracture nerveuse d'origine traumatique chez un ouvrier qui n'a jamais eu d'autres manifestation nerveuse, des démangeaisons dues à l'idée erronée qu'on a la gale, faut-il assimiler tous ces symptômes disparates à la crise de nerfs, et les considérer comme appartenant à une même maladie dite hystérie? Toutes les psychonévroses, tous les phénomènes créés ou entretenus par le psychisme, justiciables de la psychothérapie seraient englobés dans l'hystérie. Ainsi considérée, l'hystérie n'est plus une maladie, une entité mortelle, mais une classe de symptômes dus à l'autosuggestion ou représentation mentale et que Babinski, qui paraît s'être rallié à mes idées, appelle pithiatiques, alors que je les appelle depuis longtemps psychonévroses.

Mais parmi ces psychonévroses, il en est une qu'on dit presque constante chez les hystériques, qu'on considère comme un stigmate de l'hystérie, suffisant même en l'absence de crise pour la caractériser. C'est l'anesthésie et surtout l'hémianesthésie sensitivo-sensorielle.

Mais cette anesthésie complète d'une région ou d'une moitié latérale du corps que, comme tous les médecins, je constatais autrefois chez beaucoup de mes hystériques, je ne la constate plus jamais, depuis que j'examine les malades, en évitant de la leur suggérer. Car il est facile de la provoquer, à son insu, rien que par l'exploration du sujet qui peut deviner ce qu'on cherche et inconsciemment se le suggère. Mon ancien interne, le Dʳ Paul Blum, professeur-adjoint à l'école de Reims, sur 95 sujets non hystériques de mon service, en a trouvé 60 sur lesquels il a pu créer des anesthésies, sur 25 sujets il a pu créer des anesthésies sensorielles de même caractère que celles des hystériques. Les faits sont consignés dans sa thèse.

L'anesthésie, pas plus que le rétrécissement du champ visuel signalé aussi comme stigmate, n'existent pas spontanément chez les hystériques; ce sont aussi des produits de suggestion.

Babinski a confirmé mon assertion.

En troisième lieu, le mot hystérie a dévié de

son sens primitif par erreur de diagnostic médical.

L'émotivité hystérogène, au lieu d'être due à une cause accidentelle, peut être liée à une maladie primitive. Cette maladie peut être psychique. La névrose d'angoisse, la neurasthénie anxieuse, la mélancolie, le délire de persécution et les autres psychoses peuvent créer des obsessions anxieuses qui chez certains provoquent des crises de nerfs. On a considéré alors l'hystérie comme primitive et les troubles mentaux comme dus à cette hystérie.

L'émotivité peut être occasionnée par une maladie organique : la fièvre typhoïde, le malaise du frisson initial, les affections cérébrales et méningées, les myélites, les douleurs fulgurantes de l'ataxie, la chorée, les coliques saturnines, hépatiques, néphrétiques, etc. Toutes ces maladies par leurs symptômes émotifs ou douloureux peuvent se compliquer de crises. Ici encore, on a pris l'effet pour la cause. D'éminents cliniciens, suggestionnés par une idée préconçue, ont décrit des hystéries à forme de fièvre typhoïde, de fièvre intermittente, d'hémiplégie, d'hémop ysie, de goître exophtalmique, de dermatoses, etc. De là, la doctrine de l'*hystérie simule tout* : et cette conception de maladie bizarre, protéiforme, indéfinissable a séduit l'imagination.

Le mot hystérie, les symptômes hystériques, le

caractère hystérique, tout est fantasque et désordonné. On a fait fausse route. Ma doctrine de la suggestion m'a aidé, je pense, à dissiper l'obscurité et à formuler ces conclusions.

1° Le mot hystérique appliqué au caractère a un sens purement mondain qui n'a rien de médical et n'a aucun rapport avec la crise d'hystérie ou la diathèse hystérique.

2° Les psycho-névroses autres que les crises de nerfs, telles que paralysie, contracture, anesthésie, aphonie, vomissements, toux nerveuse ou psychique, etc., symptômes dits hystériques, ne doivent pas s'appeler de ce nom.

3° L'hystérie à forme de fièvre, de myélite, de méningite, de maladies diverses, l'hystérie qui simule une autre maladie, n'est le plus souvent que cette maladie compliquée de crises d'hystérie.

4° Médicalement parlant, le mot hystérie ne doit impliquer que les crises de nerfs bien connues, décrites sous ce nom.

Il m'a semblé utile que les psychologues, comme les médecins, aient une conception nette du mot hystérie souvent associé à ceux d'hypnotisme et d'automatisme.

CHAPITRE VII

Suggestion thérapeutique. — Psychothérapie.

La psychothérapie est vieille comme le monde, cachée dans les pratiques grossières de la superstition et du charlatanisme. La médecine sacerdotale des anciens, les cérémonies religieuses, les songes provoqués dans les temples d'Epidaure, comme les guérisons miraculeuses de nos jours, les procédés occultes de la magie ancienne, les doctrines de la théosophie orientale, les talismans païens et chrétiens, les reliques et les tombeaux des martyrs, les pratiques de l'exorcisme, les amulettes de Paracelse, les onguents, poudres et emplâtres sympathiques, les attouchements des rois de France, les pratiques des guérisseurs de bonne et de mauvaise foi, depuis Greatrakes et Gassner jusqu'au zouave Jacob et ses successeurs, le magnétisme minéral et animal, la métallothérapie, certaines pharmacothérapies, tout peut agir par suggestion, à l'insu de ceux qui la font sans le savoir. Les pratiques ne sont rien ; la foi est tout ; et la foi, c'est-à-dire la crédivité, est inhérente à l'organisme humain.

Braid, dans l'état dit hypnotique, faisait des manipulations dans un but thérapeutique ; il attribuait à ces manipulations une action physiologique capable de renforcer ou de diminuer certaines activités fonctionnelles et d'agir par ce mécanisme utilement dans les maladies. Cette *thérapeutique hypnotique* était encore de la suggestion, sans le savoir.

Liébeault fut le premier, je crois, qui appliqua directement *la suggestion verbale dans le sommeil provoqué* au traitement des malades, qui érigea cette méthode en système et créa la *psychothérapie hypnotique*.

Liébeault, après avoir endormi le malade, affirmait à haute voix la disparition des symptômes ressentis par lui ; il cherchait à lui suggérer la conviction que les troubles fonctionnels se dissipent et que l'état normal se restaure. Il profitait de la suggestibilité exaltée dans ce sommeil dit hypnotique, pour actionner le cerveau conscient et l'inviter à faire le mécanisme curateur.

J'ai constaté déjà, en 1884 [1], que l'hypnose ou

---

1. *De la suggestion dans l'état hypnotique et dans l'état de veille*. O. Doin, 1885. — *La suggestion et ses applications à la thérapeutique*, O. Doin, 1886.

sommeil provoqué n'est pas nécessaire pour créer la suggestibilité, que celle-ci, fonction physiologique du cerveau humain, existe à l'état de veille, et peut être actionnée directement, sans sommeil préalable, dans le but de soulager ou de guérir. C'est la *psychothérapie moderne*.

C'est l'application de la suggestibilité et de l'idéo-dynamisme au traitement des troubles fonctionnels psychonerveux, et des psychonévroses.

Quels sont les procédés de cette suggestion thérapeutique, quel est le *modus faciendi* de la psychothérapie?

1° Le plus simple, le plus naturel pour introduire l'idée dans le cerveau, c'est l'affirmation verbale. Affirmer la disparition du trouble, douleur, faiblesse, aphonie, etc., cela peut suffire quelquefois. Instinctivement, les mères font ainsi à l'enfant, qui a une douleur légère ou une toux nerveuse, par exemple, qui se prolonge. Dans l'affirmation, cependant, il y a autre chose que la simple parole. Elle peut être impérative, brutale, ou bien douce et insinuante. Son influence varie avec l'intonation, le timbre de la voix, le geste qui l'accompagne, le prestige et l'autorité de celui qui parle, la modalité psychique de celui à qui elle s'adresse. La même parole, bien que réduite en apparence à une simple affirmation, comporte des facteurs psychiques variables.

Mais le plus souvent, la parole seule, quelque impérieuse, quelque insinuante qu'elle soit, ne suffit pas. L'affirmation n'impose pas la crédivité. La crédivité n'impose pas l'idéo-dynamisme.

2° Est-elle plus efficace, lorsqu'au lieu d'être faite à l'état de veille, elle est faite dans l'état dit hypnotique, ou sommeil provoqué ?

Nous avons vu que le cerveau, dit hypnotisé, n'obéit pas aveuglément à la suggestion impérative. Sans doute, chez quelques-uns, un certain degré de sommeil provoqué augmente peut-être l'efficacité de la suggestion, parce qu'ils sont plus concentrés sur l'idée imposée qu'ils contrôlent moins, et aussi parce qu'ils peuvent penser que la suggestion est infaillible dans cet état; leur réceptivité est alors plus grande. Toutefois, d'après mon expérience, la suggestibilité thérapeutique n'est guère plus active dans le demi-sommeil provoqué que dans l'attention concentrée pendant la veille.

3° Plus suggestive peut être la parole, lorsqu'au lieu d'être seulement affirmative, elle est explicative, lorsqu'elle est renforcée par des éléments de persuasion. C'est la *suggestion persuasive*. Cette persuation peut être *rationnelle*, s'appuyer sur des raisons ; ou *émotive*, s'appuyer sur des sentiments ; elle peut être l'un et l'autre.

La persuasion rationnelle s'adresse à l'intelligence du malade. On lui explique que sa maladie, douleur, anesthésie, impotence, aphonie, vomissement, etc., n'a aucune raison organique, que c'est une simple névrose entretenue par l'idée ; si, au lieu d'écouter ses impressions, il fait appel à sa volonté, avec confiance, il sera débarrassé.

Par une exhortation rationnelle adaptée à la nature du mal, à la suggestibilité spéciale du sujet, on peut arriver, soit rapidement, soit graduellement, à triompher des impressions morbides et à modifier le psychisme qui crée ou entretient le trouble fonctionnel.

Cette persuasion rationnelle à l'état de veille, je l'ai associée à l'affirmation de la guérison, dès 1884 ; mes livres en font foi, ainsi que les thèses de mes élèves [1].

Cependant, Dubois, de Berne, dont je reconnais la part apportée à sa vulgarisation, passe pour l'avoir inventée. La persuasion, d'après lui, ne serait pas de la suggestion. Ce serait même le contraire. Et il croit le prouver en affirmant : « La persuasion s'adresse loyalement à la raison du su-

---

1. *Hypnotisme, suggestion, psychothérapie*, 3ᵉ édition (voir l'Introduction). — Hartenberg. *De l'élément psychique dans les maladies*. Thèse de Nancy, 1895. — Aimé. *Étude clinique sur le rôle du dynamisme nerveux psychique dans les maladies*. Thèse de Nancy, 1897.

Paul-Émile Lévy. — *L'Éducation rationnelle de la volonté*. Thèse de Paris, 1898.

jet: la suggestion agit par les voies tortueuses de l'insinuation ». Mais ceci est une définition propre à M. Dubois. J'ai toujours appelé la persuasion un procédé de suggestion. M. Dubois dénature ma conception et mes procédés.

Ce qui a fait accréditer l'assertion de Dubois, même en France, c'est qu'ayant été amené à la suggestion thérapeutique par mes études sur l'hypnotisme, pour la plupart des médecins qui ne m'ont que superficiellement lu, je reste l'hypnotiseur. L'idée de suggestion est dans leur esprit liée à celle d'hypnotisme, de modalité extraordinaire imprimée au cerveau. Pour Camus et Pagniez, élèves de Déjerine, il y a suggestion lorsqu'une idée bonne ou mauvaise est introduite dans le cerveau d'un individu, *sans son contrôle*. La suggestion inhiberait les fonctions psychiques supérieures.

Donc, la suggestion thérapeutique agirait par un vrai cambriolage cérébral sur un cerveau automatisé sans défense.

Mais cette définition répond, comme nous l'avons vu, à une conception erronée. Toute idée acceptée, au point de vue psychologique, comme au point de vue médical, est une suggestion. La suggestion est loyale ou déloyale, directe ou indirecte, raisonnable ou déraisonnable.

La persuasion aussi, si on veut la différencier d'avec la suggestion, peut être loyale ou déloyale, raisonnable ou déraisonnable, elle peut être astucieuse et insinuante ; elle peut créer aussi des états d'âme qui diminuent le contrôle, autant que la prétendue hypnose. La persuasion rationnelle, c'est de la suggestion.

Mais la voix de la raison est souvent insuffisante. Le sujet a beau écouter les arguments, plein de bonne volonté. Les sensations morbides, douleur, impuissance, aphonie, etc., persistent, maintenues par son contrôle, par son autosuggestion, que l'hétéro-suggestion persuasive ne neutralise pas toujours.

4° *La persuasion par le sentiment, par l'émotivité* peut réussir là où la persuasion simplement démonstrative a échoué.

Un paraplégique psychique peut retrouver ses jambes pour sauver son enfant qui va tomber par la fenêtre, un psychonerveux aphone pourra retrouver sa voix pour lui crier de s'arrêter au bord d'un précipice. Une parole qui va à l'âme, un choc émotif, un enthousiasme subit, une diversion morale, le sentiment religieux peuvent favoriser l'idéo-dynamisme curateur.

Voici, par exemple, une vieille dame très pieuse, protestante austère, dont l'esprit était torturé par l'anxiété du doute métaphysique sur l'avenir, sur le devenir de l'humanité. Elle était rebelle à toute persuasion directe, rationnelle. Mais j'obtenais un résultat en faisant appel à sa foi, en faisant vibrer son émotivité religieuse spéciale. Je lui disais : « Vous manquez de confiance en Dieu. Ce n'est pas à vous, c'est à lui qu'il appartient de régler l'avenir et la destinée de l'Univers. Ce qu'il fait est bien fait. C'est impie de douter. La religion vous ordonne de vous abandonner à lui, de ne pas ruminer perpétuellement vos idées et vos craintes sur l'avenir et l'inconnu, de ne pas empiéter sur le rôle qui appartient au Maître suprême, etc. » Ces exhortations faisaient impression et calmaient pour un certain temps ses appréhensions maladives obsédantes, sans cependant les déraciner, car elles étaient entretenues par la psychose du doute, qui est une maladie mentale, et non une simple psychonévrose. Toutefois, l'efficacité de cette persuasion émotive était réelle, bien que passagère.

Voici, dans une autre sphère, deux observations montrant que souvent la suggestion ne réussit que lorsqu'elle sait mettre en jeu le ressort émotif spécial qui domine la suggestibilité du sujet.

Un enfant de huit ans, lycéen très intelligent, docile, honnête, le premier de sa classe, avait, depuis trois ans, des habitudes d'onanisme qu'un camarade lui avait appris. Les suggestions, sous forme d'ordre, de menaces, d'intimidation, avaient échoué. L'enfant succombait à la tentation, parce qu'il avait peur de succomber. Quand il allait au cabinet, il se faisait accompagner par son père, pour se préserver. Je le guéris en une seule séance, en le rassurant, en lui disant qu'il n'aurait plus d'effort à faire pour se retenir ; car, désormais, il n'aurait plus peur ; il garderait sa confiance en lui-même, et sa force morale ; l'impulsion qui le faisait agir automatiquement n'existait plus, il retrouverait sa gaîté, etc. Et la guérison fut définitive, à la stupéfaction de ses parents.

En 1905, pendant que je faisais une cure à Vichy, des parents m'amenèrent une fillette qui avait des habitudes d'onanisme depuis deux ans ; ils croyaient qu'elle avait été pervertie par une bonne ; elle se touchait sans pouvoir s'en empêcher. Plusieurs médecins avaient été consultés à Paris : menaces, coups, appareils coercitifs, exhortations diverses, tout avait été essayé. L'enfant, considérée comme vicieuse et malmenée, était pâle, déprimée, n'osant me regarder en face. Je la traitai paternellement ; elle parut tout étonnée de ma bonté à son égard. Je lui demandai si elle voulait guérir ; elle répondit par un oui sincère et suppliant. Alors je lui dis : « Mon enfant, ce n'est pas ta faute ; c'est une habitude qui était plus forte que toi. On a eu tort de te gronder et de te battre. N'aie pas peur : tu es guérie ; tu ne te toucheras plus, tu n'auras plus envie de le faire, ni le jour, ni la nuit. Si tu avais encore de petites démangeaisons, tu auras la volonté et la force de ne plus te gratter. Sois gaie maintenant, tu es une brave et gentille enfant, tu n'es plus honteuse ! » Je m'appliquai ainsi à la relever à ses propres yeux et à lui rendre confiance en elle-même ; car ce n'était pas une vicieuse, mais une enfant qu'on avait déprimée par des suggestions brutales.

Le lendemain, l'enfant revint riante. Ses parents avaient compris et ne la rudoyaient plus. Je continuai ces suggestions pendant quelques jours. La guérison se maintint.

La suggestion maladroite par gronderie, châtiment, avait déprimé l'enfant. La suggestion douce et réconfortante, lui donnant de l'assurance, lui a permis d'inhiber l'habitude psychonerveuse.

5° Dans d'autres cas, la *persuasion seule peut échouer*, qu'elle fasse appel à la raison ou au sentiment. Elle peut devenir plus efficace, quand *elle est active*, quand elle n'est pas purement théorique, quand elle est une *leçon de choses qui fait agir le malade*. C'est l'éducation du sujet, que j'appelle depuis longtemps *l'entraînement suggestif actif*. Le D⟨r⟩ Paul-Émile Lévy dit *éducation de la volonté*. Cela ne veut pas dire cependant que la volonté soit affaiblie chez la plupart des psychonerveux. Beaucoup savent vouloir énergiquement, mais leur volonté est impuissante, inhibée par des impressions autosuggestives, sensations, faiblesse, douleurs, idées qui s'interposent entre elle et sa réalisation.

L'éducation doit affranchir la volonté, la dégager des impressions psychonerveuses qui empêchent son efficacité.

C'est l'éducation ajoutant à la persuasion rationnelle et sentimentale la collaboration active du sujet, qui constitue la méthode de suggestion la plus efficace.

Voici quelques exemples.

Une jeune fille de dix-sept ans, très intelligente, avait depuis un an, à la suite d'une fièvre typhoïde, une paraplégie psychique ; elle exécutait tous les mouvements, mais ne pouvait marcher. Elle se tenait debout, péniblement, le tronc penché en avant, presque courbée en deux, mais ne pouvait faire un pas. On avait tout essayé, toniques, électrisation, persuasion, etc., sans résultat. La jeune fille qui n'était ni peureuse, ni anxieuse, savait très bien qu'elle n'avait aucune lésion ; elle avait de la volonté, mais impuissante. Il y avait quelque chose, comme une suggestion inconsciente, qui s'interposait entre la volonté et l'acte.

J'essayai la persuasion simple, sans résultat. Alors je fis la suggestion active. Je redressai doucement la malade, l'obligeant à se tenir droit ; je la pris par les deux mains, placé devant elle, et l'entraînai après moi ; elle marchait très bien ainsi, bien que très légèrement soutenue. Ensuite, me tenant derrière elle, je la poussai doucement en avant. Je lui fis faire après, en la stimulant, quelques pas seule, sans la tenir. Cela fut d'abord très difficile. Chaque séance durait une demi-heure. L'amélioration fut immédiate et progressive. Après un mois d'efforts persévérants, la malade put faire une lieue à pied et reste guérie.

Voici un ataxique dont l'évolution paraît enrayée, qui garde son défaut d'équilibration ; mais ce défaut est exagéré par le psychisme. Aussitôt qu'il veut marcher, il titube et ne peut avancer que soutenu par quelqu'un. En le rassurant, en le faisant marcher avec moi, pendant que je calme sa phobie, j'arrive en quelques séances à supprimer l'élément psychique de son impotence, et à le faire marcher seul, sans tituber, bien que lançant encore ses jambes, comme les ataxiques ; je n'ai pas eu la prétention de le guérir ; car des lésions incurables persistent.

Une jeune femme ayant eu une syncope acciden-dentelle pendant qu'elle marchait dans la rue, conserva cette impression avec phobie. Depuis trois ans, quand elle vint me consulter elle ne pouvait plus marcher seule dans la rue, paralysée par l'anxiété et la peur de se trouver mal. Traitements divers et persuasion avaient échoué. Elle avait cependant de la volonté. Je lui suggère, à l'état de veille, de traverser seule en toute confiance la place Stanislas, à Nancy : je la suivrai de l'œil, me tenant à la porte de son hôtel et la surveillerai à distance ; ce qui d'ailleurs, dis-je, ne sera pas nécessaire, car elle n'aura aucune peur. Elle traverse en effet la place sans incident et après trois autres séances ambulatoires de ce genre, elle put s'en retourner chez elle, débarrassée de sa fausse agoraphobie. Je dis fausse, car la vraie est une psychose sur laquelle le plus souvent la suggestion a peu de prise.

Voici un cas d'aphonie nerveuse liée à un léger enrouement transformé par le psychisme en extinction complète de voix. La suggestion purement verbale échoue. Je réussis souvent de la façon suivante : Je frictionne légèrement le larynx et j'invite le sujet à dire à haute voix la lettre *a* ; je le stimule pour lui suggérer l'effort musculaire nécessaire. En peu de temps, souvent, il arrive à dire *a*, puis *e*, *i*, *o*, *u*. En continuant doucement à le stimuler, j'arrive à le faire prononcer d'une voix de plus en plus forte, puis à articuler son nom. En peu de minutes, la voix peut être restaurée, sauf l'enrouement adéquat à la lésion.

Un sujet a des vomissements nerveux incoercibles dont l'origine a pu être une indigestion, mais qui se continuent par autosuggestion. La persuasion reste inefficace. Mais en faisant boire le sujet devant moi, en inhibant par la parole le réflexe vomitoire imminent, frictionnant en même temps de haut en bas la région cervicale, thoracique, abdominale, comme pour faire passer le liquide, j'arrive souvent par cette éducation suggestive à discipliner l'estomac et à l'empêcher de rejeter les aliments.

La cure des crises d'hystérie est le triomphe de l'éducation suggestive. Je rappelle brièvement ma méthode. On sait combien il est facile chez une hystérique, sujette à de fréquentes crises, de les provoquer et de les inhiber. Il suffit de toucher une région douloureuse ou rendue douloureuse par suggestion, devenue zone hystérogène, et au besoin de suggérer par affirmation verbale, la boule épigastrique, la constriction laryngée ou autres symptômes qui préludent à la crise Celle-ci alors évolue. On peut le plus souvent l'enrayer par simple affirmation à toutes les périodes de son évolution.

Pour faire la psychothérapie chez un hystérique [1], je provoque ainsi une crise. Celle-ci développée, je l'arrête. Je dis alors au sujet: « Voyez, je puis arrêter la crise, je puis aussi l'empêcher de

1. Bernheim. *L'Hystérie*, Paris, O. Doin, 1913.

venir. Je touche la région douloureuse dont la pression l'a provoquée tout à l'heure, mais elle ne viendra pas. » Je la touche légèrement. D'ordinaire le sujet manifeste le symptôme précurseur, boule, constriction, anxiété, etc., la crise est ébauchée. Mais j'affirme, en rassurant le sujet, qu'elle ne viendra pas, bien qu'il sente quelques troubles ; je lui apprends à supporter ces troubles précurseurs sans que la crise éclate. Le plus souvent alors ils ne déterminent plus l'émotivité hystérogène ; il sait en faire l'inhibition. Au bout de quelques séances de cette éducation inhibitoire, il est guéri et affronte avec assurance les émotions spéciales, autrefois provocatrices.

La même méthode peut être efficace contre d'autres psychonévroses. Un garçon de sept ans, intelligent, impressionnable, avait depuis deux jours une laryngite grippale qui donnait lieu à de violents accès de dyspnée spasmodique avec strangulation et mouvements précipités du diaphragme, spasme glottique et diaphragmatique ; ces accès se répétaient cinq ou six fois par jour, durant chaque fois plusieurs minutes. La suggestion verbale persuasive ne réussit pas. Alors je pus provoquer une crise par suggestion et friction du larynx ; cette crise évoluant, très impressionnante, je pus l'arrêter facilement par suggestion calmante. Et alors, je dis à l'enfant : « Tu vois, je puis arrêter

ta crise. Maintenant je ne peux plus t'en donner;
je puis frictionner ton cou et te dire : « Voici une
crise ». Elle ne viendra pas. » Et en effet la crise ne
vint pas, bien que je fisse le simulacre de la provoquer. J'ajoute : « Maintenant que tu es rassuré,
tu n'auras plus de crise, même si tu as la gorge
embarrassée ». L'enfant resta guéri et a eu depuis
de nouvelles laryngites sans spasmes.

On conçoit d'ailleurs que ces procédés de suggestion active varient suivant les cas, suivant la
nature de la crise, suivant les causes émotives qui
les déterminent, suivant l'individualité. C'est une
question de tact, d'expérience, de savoir-faire.
Apprendre au malade à supporter l'émotivité particulière qui déchaîne chez lui le mécanisme de la
psychonévrose, ou l'entretient, telle est la formule
générale.

7° La suggestion peut être déguisée ou renforcée par des pratiques matérielles. Le massage,
l'hydrothérapie, les stations thermales, l'électrisation, diverses médications, certains régimes alimentaires, etc., peuvent avoir, outre leur valeur
thérapeutique réelle, une valeur suggestive. On
sait aujourd'hui que la magnétothérapie et la métallothérapie dont l'efficacité était prônée autrefois par
les sociétés savantes n'ont pas d'autres vertus.
Certains ne comprennent pas la suggestion ver-

bale ou bien ne sont impressionnés par elle que lorsqu'elle est cachée dans des pratiques matérielles.

Telles sont, me semble-t-il, les deux méthodes suivantes de traitement, efficaces dans les surdités et mutités psychiques rebelles qui ont été provoquées par les obus et torpilles explosives.

L'une est signalée dans la publication suivantes : De *l'utilisation du chloroforme dans la rééducation des sourds-muets psychiques* par le Dr A. I. Rayneau et André Baudet [1].

Les auteurs avertissent par écrit le malade qu'il viendra un moment, après l'absorption de quelques gouttes de chloroforme, où il entendra sonner les cloches et qu'ensuite il retrouvera l'usage de l'ouïe et de la parole. Dès la période d'excitation, avant l'anesthésie complète, ou dès les premiers signes du réveil, avant que celui-ci soit complet, on prononce distinctement à son oreille à haute voix les voyelles *a, e, i, o, u*. Au bout d'un temps très court, le malade manifeste qu'il a compris et répète imparfaitement *a*. Après deux ou trois expériences, il répète les autres lettres. On fait prononcer ensuite les deux monosyllabes oui et non, et ainsi de suite. En peu de jours, quelquefois en une seule séance, le malade est guéri.

1. *Encéphale*, 1916, p. 261.

Les auteurs pensent « que le chloroforme agit seulement en déterminant chez le sujet un état particulièrement favorable aux suggestions. La période d'excitation qui précède le sommeil est surtout indiquée parce que la conscience est notablement diminuée et la perception cependant suffisante pour recevoir la suggestion. »

Ces faits concordent parfaitement avec ce que nous avons dit de la suggestion dans le sommeil spontané et provoqué. C'est dans la première période du sommeil, avant le sommeil complet, ou dans la dernière, avant le réveil complet, que la suggestibilité est exaltée, parce que les facultés actives de contrôle sont engourdies ou ne sont pas encore réveillées, la conscience n'étant pas encore ou n'étant plus abolie. Ajoutons que le sujet au moment d'être chloroformé, pense qu'il s'agit d'une opération qui doit le guérir et il garde cette suggestion.

La seconde méthode de traitement est indiquée dans cette publication : *L'audimutité rebelle d'origine émotionnelle. Son traitement*, par le Dr Marcel Driand et Jean Philippe [1].

Dans les cas invétérés et rebelles de mutité, ils ont recours à des exercices spéciaux de rééducation. Ils étudient les modifications respiratoires à

---

[1]. *Progrès médical*, 5 septembre 1916.

l'aide du pneumographe et du cylindre de Marey qui inscrit la respiration. Ils apprennent au sujet s'aidant de la vue des tracés à rectifier le rythme et la forme de la respiration. Pour agir ensuite sur les muscles coordonnant les actes de phonation et d'articulation, ils font faire des exercices de respiration, de souffler, de siffler, de phonation, en concentrant le malade avant d'émettre un son « pour que l'émission vocale se produise presque spontanément, presque inconsciemment et instinctivement ».

Les auteurs ne méconnaissent pas ce qu'il y a de suggestif dans tous ces procédés : « La vue des appareils donne la sensation d'une base de traitement pour ainsi dire tangible. »

Ces moyens rationnels me paraissent avoir pour but et pour effet, non pas tant d'éduquer l'innervation respiratoire, phonétique et articulatoire, qui serait déséquilibrée par le choc émotif, que de déclancher par ces manœuvres suggestives l'automatisme qui réalise la parole articulée. La mutité psychique n'est pas un désordre de l'innervation qui fait la parole. Les dyspnées les plus intenses font de la parole haletante, elles ne font pas de mutité. Celle-ci, psychique, est identique à celle que fait la suggestion expérimentale. Le mécanisme nerveux de la parole est intact, mais l'esprit du malade, convaincu par autosuggestion qu'il ne peut pas parler, ne l'actionne pas.

8° Il y a enfin des malades ou des maladies rebelles
à toutes les suggestions, directes ou aidées de pratiques rationnelles. Ces pratiques alors doivent être
des *subterfuges*, destinées à tromper le sujet pour
actionner sa suggestibilité à son insu.

Un homme d'une quarantaine d'années vint à
mon service d'hôpital pour une douleur excessive
à la nuque datant de plusieurs mois, l'empêchant
de dormir et de remuer la tête. Les élèves croyaient
à une tumeur du cervelet. L'intensité extraordinaire de cette douleur me fit soupçonner une
psychonévrose. J'appris en effet que cette douleur
avait eu pour cause de l'eau salée reniflée par le
nez et régurgitée à travers le pharynx par la
bouche, ce qu'on lui avait conseillé pour un rhume
de cerveau rebelle. Il continua cette pratique
pendant l'hiver avec l'eau très froide, dont le
passage sur la muqueuse du pharynx déterminait
une douleur vive que le malade rapportait à la
nuque. Cette douleur, grossie par l'impressionnabilité nerveuse du sujet et entretenue par autosuggestion, devint une psychonévrose douloureuse
rebelle à toutes les médications. J'essayai infructueusement la suggestion verbale, même hypnotique. Alors j'eus recours à des injections sous-
cutanées d'eau claire que je qualifiai de morphine. La
douleur disparut comme par enchantement pour un
certain temps. Après quelques jours de ce traite-

ment, le malade n'avait plus de douleur et demanda à cesser les injections pour ne pas devenir morphinomane. La guérison se maintint.

Je relaterai encore le fait suivant : Une jeune ouvrière de Thann vint à mon service d'hôpital pour une paralysie de la main droite avec anesthésie totale exactement limitée à la ligne radio-carpienne, datant de quatorze mois. C'était une psychonévrose traumatique sans lésion. Tous les traitements, frictions, douches, massages, électrisation avaient échoué. J'essayai tous les modes de persuasion, l'hypnotisme, le transfert suggestif de la paralysie à un autre malade qui réussit, mais sans résultat pour notre sujet. Alors j'eus recours à un stratagème. Après avoir exploré la sensibilité de la main, j'applique un aimant sur elle pendant quelques minutes et je marque avec un crayon coloré rouge la limite radio-carpienne de l'anesthésie ; mais à l'insu de la malade, je marque cette ligne à un travers de doigt en avant. Alors ostensiblement avec l'épingle, je pique depuis l'extrémité des doigts d'avant en arrière, faisant observer pendant ce temps que l'anesthésie persiste ainsi que la paralysie : j'arrive ainsi, fixant l'attention de la malade, graduellement à cette ligne rouge : la malade réagit vivement ; elle était tombée dans le panneau. Je lui fais remarquer alors, l'air satisfait, que l'aimant, sans l'avoir guérie, avait cependant produit une certaine amélioration. Le lendemain par le même subterfuge, j'avançai encore la frontière d'un travers de doigt et je fis constater à la malade que la motilité revenait un peu, avec la sensibilité. En continuant ce système pendant quelques jours, je guéris radicalement la malade par cet artifice grossier, qui suggestionne son cerveau à son insu et l'oblige à faire le mécanisme idéo-dynamique curateur.

8° Un mot encore sur la *suggestion par dérivation psychique ou substitutive*. Elle consiste à donner au malade de nouvelles impressions qui se substituent à l'impression psychonerveuse. Sans doute, les méthodes précédentes peuvent les créer. Mais il est bon que le médecin les développe systématiquement, adaptées à l'individualité et aux troubles fonctionnels.

On prescrit en général aux anxieux émotifs psychonerveux la cure de repos prolongé pendant des semaines avec séjour au lit, et interdiction de tout travail cérébral, même de toute visite. Cette cure peut avoir une certaine efficacité, s'il y a agitation cérébrale, avec délire, provoquée par les incidents extérieurs. Mais elle m'a paru néfaste dans l'anxiété psychonerveuse simple qui se passe tout entière dans le cerveau du sujet. Le malade concentré en lui-même sur ses impressions, les raisonne, les rumine, les grossit. C'est ce travail psychique spontané d'obsessions qui torture et fatigue son cerveau; un travail cérébral utile, portant son attention sur d'autres idées et le dégageant de son autosuggestion, serait au contraire un dérivatif utile et bienfaisant.

Aussi je recommande à ces malades de continuer ou de reprendre, s'ils le peuvent, leurs occupations habituelles, dans la mesure du possible, suivant leurs goûts, de lire, d'écrire, de causer, de se distraire, de chercher des diversions, jeux, promenades, musique, théâtre, travail manuel. Dans les cliniques où les malades sont traités, on se contente d'ordinaire avec la cure de repos et la suralimentation (méthode de Weir Mitchell), de l'hydrothérapie, du massage, de l'électrisation, et parfois on y associe la suggestion verbale.

Occuper le malade agréablement et méthodiquement, le discipliner, le divertir, le mettre en rapport permanent avec des personnes intelligentes et de tact qui sachent le distraire, le faire vivre en dehors de lui, et non pas en dedans de lui, l'empêcher de nourrir ses impressions et de ruminer ses obsessions, entretenir en lui d'autres impressions substitutrices, le massage, l'hydrothérapie, l'électricité statique peuvent d'ailleurs concourir à ce but, voilà le régime qui s'impose pour modifier le dynamisme cérébral, et qui pourrait être facilement appliqué dans les cliniques spéciales, pourvues à cet effet d'un personnel et d'un matériel convenables.

Cette dérivation psychique est plus facile, quand il ne s'agit pas d'un trouble obsédant continu, mais de troubles passagers survenant par accès, comme les crises d'hystérie.

Le procédé curatif de ces crises que j'ai relaté agit d'ailleurs par dérivation, en substituant à l'émotivité hystérogène du sujet, au moment où elle se produit, un sentiment d'assurance réconfortante qui la dissipe.

Une dame hystérique, dont j'ai parlé, avait une crise à chaque repas, entre le premier et le second plat. L'autosuggestion reproduisait la crise par souvenir à ce moment, comme un cheval qui se cabre toujours au même endroit. Je suggérai, sans l'endormir, à la malade, très suggestible, mais intelligente, qu'elle aura à chaque repas, au moment éventuel de la crise, un besoin de rire qui rendrait la crise impossible. Le rire vint : les crises ne revinrent plus. C'est bien une impression dérivative ou substitutive.

Si la suggestion du rire n'avait pas réussi, j'aurais pu, à ce moment psychologique, provoquer directement une émotion gaie, par exemple la vue d'un objet comique ou l'audition d'un air musical au phonographe, qui, surprenant l'esprit de la malade, pouvait inhiber l'impression hystérogène par une impression contraire.

Tels sont les divers procédés de la psychothérapie. Affirmation simple à l'état de veille, ou de demi-sommeil provoqué, persuasion par la raison et le sentiment, persuasion avec action ou éducation suggestive active, suggestion par pratiques matérielles associées à la parole, suggestion indirecte par artifices divers, suggestion par dérivation psychique ou substitutive, tout ce qui fait naître dans le cerveau et accepter par lui l'idée thérapeutique, tout ce qui apprend au cerveau à réaliser cette idée.

La psychothérapie, comme je l'ai dit, s'adresse aux psychonévroses, et à l'élément psychonerveux associé aux maladies diverses. Car si une psychonévrose peut être le seul trouble fonctionnel existant, elle peut aussi se greffer sur beaucoup d'états morbides. Telle nous avons vu, par exemple, l'aphonie nerveuse compliquer un léger enrouement, une faiblesse des jambes chez un convalescent dégénérer en paraplégie psychique. Chaque malade peut évoquer, par exagération ou interprétation défectueuse de certains symptômes, une série d'éléments psychonerveux, souvent accessibles à la suggestion.

Ces éléments psychonerveux peuvent, à leur tour, créer des désordres organiques avec troubles fonctionnels correspondants.

Une psychonévrose douloureuse peut déterminer

des battements de cœur, des troubles digestifs, de la gastrite consécutive. Une de mes clientes a souvent, à la suite d'émotions vives, et qui fréquemment sont simplement suggérées par son imagination, de petites crises de nerfs sur lesquelles se greffent des battements de cœur, de l'entérite muco-membraneuse et de l'urticaire ; et tout ce syndrôme complexe de troubles dynamiques et organiques a été grandement atténué par l'éducation suggestive de la malade, qui arrive maintenant à se cuirasser plus facilement contre les émotions.

Écoutez encore cette observation : Une dame de quarante ans vint me consulter récemment pour une côlite chronique. Depuis six ans, elle ne prenait que des pâtes alimentaires, du macaroni, des purées de légumes, un peu de viande grillée, de l'eau minérale, pas d'œufs ni de lait. Toute infraction à ce régime prescrit par les médecins occasionne un délabrement intestinal, avec douleurs violentes, diarrhée glaireuse, gargouillement, etc. Toutes les médications, tous les régimes ont échoué. Un spécialiste de Paris, justement réputé, a fini, de guerre lasse, par lui dire que sa côlite était incurable, et qu'elle n'avait qu'à continuer son régime en proscrivant tous les aliments qu'elle ne supportait pas.

Cette malade est impressionnable, mais intelligente, et ne croit pas que l'imagination joue un rôle dans cette intolérance. Je soupçonne cependant un élément psychonerveux, et pour vérifier cette idée, j'essaie la psychothérapie. La malade, étendue sur une chaise-longue, les yeux clos, légèrement endormie par suggestion, je lui fais des frictions douces le long du côlon ; je lui dis que sa côlite peut avoir pour cause une névralgie que le massage peut guérir, en agissant sur le système nerveux du gros intestin, cœcum, côlon ascendant, côlon descendant, que j'actionne successivement avec la main, de façon à éveiller l'attention de la malade. J'affirme qu'elle arrivera graduellement à supporter tous les aliments, qu'elle sentira elle-même quand elle pourra le faire et que je la laisserai suivre à cet égard ses impressions que l'amélioration de son intestin lui dicterait, etc.

Je la laissai ainsi engourdie, pendant une demi-heure à trois quarts d'heure, ruminer cette suggestion ; elle était d'ailleurs très docile.

Je fis deux séances par semaine. En peu de semaines, la malade, améliorée progressivement, et prenant confiance en elle-même et dans son côlon, arriva, à son grand étonnement, à manger de tout, même de la salade de concombre. La guérison s'est maintenue.

C'est le régime prescrit par les médecins pour une entéro-côlite passagère, régime religieusement

entretenu par la malade, qui était devenu pour
elle une phobie alimentaire ; les aliments défendus
provoquaient, par l'émotivité troublant la digestion,
de l'irritation intestinale. Telle la purgation avec
les pilules de mie de pain prises sous le nom de
pilules purgatives.

La psychothérapie a fait la guérison, en même
temps que le diagnostic.

Dans cette association complexe de troubles
organiques et psychonerveux, il est souvent difficile de discerner l'origine et la subordination de
chacun. On voit, par cette observation, que la
suggestion est souvent une méthode de diagnostic
efficace qui aide à différencier ce qui est purement
dynamique, c'est-à-dire psychonévrose, représentation mentale, de ce qui est organique.

Est-ce à dire que tout ce qui est psychonerveux
soit docile au traitement suggestif ? Une formule
aussi catégorique serait contraire à la vérité et à la
psychologie. Autant dire que toute erreur de jugement peut être rectifiée chez tous par le raisonnement, que toute aberration de sentiment peut être
corrigée par l'éducation.

A côté de la suggestion médicale, il y a l'autosuggestion du malade. Dominé par l'impression
morbide qui l'obsède, il n'accepte pas toujours
l'idée suggérée et repousse instinctivement toutes

les manœuvres destinées à la lui imposer, raisons, sentiments, artifices. D'autres fois même, s'il accepte la suggestion, l'autosuggestion impérieuse commande un dynamisme tellement actif que tout idéo-dynamisme contraire est neutralisé. Exemple : Une toux nerveuse peut devenir un réflexe irrésistible qui défie toute coercition psychique. Un tic convulsif spasmodique peut, bien que récent et sans lésion, résister malgré la bonne volonté du malade. Les efforts même qu'il fait pour arrêter ces spasmes involontaires, irritent et exagèrent souvent l'autosuggestion spasmogène. De même en est-il exceptionnellement de certaines crises d'hystérie, qui se déchaînent si facilement chez quelques-uns, que la moindre tentative pour les inhiber, la présence seule du médecin, suffit à les provoquer ou à les exaspérer.

Certaines douleurs sont tellement exagérées par autosuggestion, que le malade n'a plus le sensorium ouvert aux autres impressions : il est fermé à toutes les manœuvres inhibitoires.

Avec du tact et de la patience, en ne brusquant pas et laissant passer l'orage, on finit souvent par apprivoiser le mal et par réussir dans ces cas en apparence irréductible.

Il y a aussi des psychonévroses, invétérées dans l'organisme depuis de longues années, qui sont devenues des habitudes nerveuses indestructibles.

On ne peut pas plus les déraciner par suggestion, qu'on ne peut supprimer une exagération des réflexes tendineux. Tel, par exemple, un tic spasmodique très ancien. Les modalités fonctionnelles chroniques sont devenues probablement des modalités organiques matérialisées, bien qu'inconnues à nos moyens d'investigation : car si l'organe commande la fonction, la fonction aussi commande l'organe et peut le modifier. Le dynamisme est devenu organique.

Enfin, il y a des troubles psychonerveux qui sont, dès leur début, commandés et entretenus par une maladie qui les crée et les régénère sans cesse. Telles les idées hypocondriaques greffées sur la neurasthénie. Le malade, qui a son intelligence lucide, se rend compte qu'elles sont imaginaires et cherche en vain à les chasser. La suggestion peut quelquefois les dissiper momentanément. Mais la maladie neurasthénie, qui n'est pas une simple névrose justiciable de la suggestion, les crée de nouveau, comme une glande sécrète un poison. Telles les phobies, certaines hallucinations, certaines impulsions; ces symptômes peuvent être, il est vrai, simplement psychonerveux : mais provoqués par les maladies mentales à la faveur d'une émotion spéciale qui est entretenue par elles, tant qu'elles évoluent, ils sont rebelles à la psychothérapie.

Mais dans la plupart des psychonévroses simples,

même dans celles associées à une maladie qui les crée accidentellement, et ne les régénère pas fatalement, la psychothérapie reste efficace. C'est la médication rationnelle qui s'impose au médecin.

Les psychologues me pardonneront de les avoir entraînés trop loin peut-être sur le terrain de la médecine. Parce que je suis médecin, j'ai pensé utile d'apporter à la psychologie ma contribution médicale. Car si la médecine est éclairée par les lumières de la psychologie, celle-ci est éclairée par les lumières de l'observation médicale. Dans l'organisme malade, comme dans l'organisme normal, l'esprit n'est pas quantité négligeable.

CONCLUSIONS

Voici les conclusions principales qui se dégagent de cette étude :

1° Le mécanisme qui élabore les phénomènes psychiques, qui fait éclore les idées dans le cerveau, qui transforme ces idées en parole intérieure et articulée, qui les traduit en actes et dynamismes variables, est automatique et inconscient.

Certains actes, familiers au sujet, commandés volontairement par le psychisme, peuvent se continuer par le seul automatisme nerveux, alors que la volonté et la conscience cessent d'intervenir.

Mais le psychisme en lui-même est toujours conscient. L'être humain pendant qu'il le manifeste est conscient. *Il n'y a pas de psychisme automatique inconscient.* L'élaboration seule de ce psychisme est inconsciente.

2° Les rêves du sommeil, et le somnambulisme spontané qui n'est qu'un rêve en action, n'ont pas lieu dans le sommeil complet, qui supprime la conscience et la vie psychique. Ils ont lieu au début du sommeil, avant qu'il ne soit complet, où à la fin, avant que le réveil ne soit complet, c'est-à-dire, dans le demi-sommeil, alo.s que la conscience n'est pas encore ou n'est plus abolie, alors que l'initiative active du cerveau avec faculté de contrôle est engourdie, mais que la cérébration passive, ou psychisme d'imagination, existe encore ou est revenue. Cette imagination, prédominante et n'étant plus réfrénée par le contrôle actif absent, crée les autosuggestions hallucinatoires du rêve.

3° Les phénomènes dits hypnotiques, catalepsie, anesthésie, contractures, somnambulisme provoqué, n'ont pas lieu dans le sommeil suggéré, lorsqu'il est complet et inconscient; ils ont lieu, comme les rêves du sommeil spontané, dans le demi-sommeil avec persistance de la conscience et prédominance de la cérébration passive.

Ce ne sont pas des phénomènes automatiques, mais des phénomènes de suggestion. Ils peuvent être suggérés avec succès à l'état de veille. Des phénomènes identiques peuvent se réaliser spontanément, par certaines influences et dans certains états de conscience.

4° La suggestibilité est une propriété physiologique du cerveau conscient, actionné par la crédivité, tendance à accepter les idées suggérées, et par l'idéodynamisme, tendance de l'idée à devenir acte ou dynamisme.

5° Les somnambules spontanés, comme les somnambules provoqués, ne sont pas des automates; ils ont conscience et savent ce qu'ils font, bien que leur état de conscience soit faussé par la suggestion ou l'autosuggestion qui les domine.

L'amnésie des faits de la vie somnambulique n'est pas constante, ni persistante. Les souvenirs latents peuvent se réveiller spontanément par une association d'idées. Ceux du somnambulisme provoqué peuvent toujours être réveillés par suggestion.

6° La doctrine de la suggestibilité est incompatible avec la croyance au libre arbitre absolu. Elle n'exclut pas la responsabilité légale qui est une nécessité sociale.

7° Les psychonévroses sont des troubles fonctionnels nerveux sans lésions, créées ou entretenues par le psychisme. Ce sont des représentations mentales ou autosuggestions, souvent d'origine émotive. Elles peuvent être associées à des maladies organiques ou toxiques, à la faveur des idées émotives que ces maladies déterminent.

8° La suggestion thérapeutique ou psychothérapie comprend tous les procédés qui s'associent à la parole, pour introduire l'idée thérapeutique dans le cerveau ou faciliter son action idéo-dyna-

mique curative. Elle ne s'adresse pas à l'automatisme du sujet, mais à son esprit conscient.

Les troubles psychonerveux, autosuggestions
morbides, sont seuls justiciables de la psychothérapie.

TABLE DES MATIÈRES

CHAPITRE VI

CHAPITRE VII

Saint-Denis. — Imp. Vᵉ Bouillant et J, Dardaillon.

LIBRAIRIE FÉLIX ALCAN

ALEXANDRE-BISSON (Mme J.) Les phénomènes dits de matérialisation Préface des Dr de Schrenck et J. Maxwell. 1911 1 vol. gr in 8 avec 165 figures et 36 planches hors texte . . . . 12 fr.

BINET. La psychologie du raisonnement, étude expérimentale par l'hypnotisme. 4e édit., 1907 1 vol. in 18. . . . . 2 fr 50

-- et FÉRÉ. Le magnétisme animal 5e éd., 1908 In 8, cart (B s t). . . . 6 fr.

BOIRAC (E.), recteur de l'Académie de Dijon Correspondant de l'Institut La psychologie inconnue. Introduction et contribution à l'étude expérimentale des sciences psychiques, 2e édit. revue, 1912 1 vol. in 8. (Couronné par l'Institut. . . . . 5 fr.

-- L'avenir des sciences psychiques 1 vol. in 8, 1916 . . . . 5 fr.

ENCAUSSE (Papus). L'occultisme et le spiritualisme 3e édit., 1911. 1 vol. in-16. . . . . 2 fr. 50

GELEY (G.) L'être subconscient 3 éd., 1911. 1 vol. in-12 . . . . . 2 fr. 50

HESNARD (Dr). Les troubles de la personnalité dans les états d'asthénie psychique. Préface de M le Prof. Régis 1909. 1 vol gr. in-8 . . . . . 6 fr

JANET (Pierre), de l'Institut. L'automatisme psychologique. 1910 1 vol in-8. 6e édit. . . . . 7 fr. 50

JASTROW (J.). La subconscience. Préface de M. le Dr P. Janet 1908. 1 vol in-8 . . . . 7 fr. 50

LAFONTAINE. L'art de magnétiser ou le magnétisme vital au point de vue théorique, pratique et thérapeutique. 9e édit., 1911. 1 vol. in-8 . . . 5 fr.

LODGE (Sir O) La survivance humaine. Étude de facultés non encore reconnues. Trad du Dr H Bourbon. Préface de J Maxwell. 1912. 1 vol in-8. . . 5 fr.

MAXWELL (Dr J) Les phénomènes psychiques. Recherches, observations, méthodes. Préface du professeur Ch. Richet 5e édit revue, 1911 1 vol. in-8 . . . . 5 fr.

MORTON-PRINCE, prof de pathologie du Système nerveux a l'École de médecine de « Tufts College », États-Unis La dissociation d'une personnalité. Étude biographique de psychologie pathologique, trad de l'anglais par R et J Ray. 1 vol. in-8 1911. . . . . 10 fr

MYERS. La personnalité humaine. Sa survivance 3e édit 1910. 1 vol in-8. 7 fr. 50

NIZET (A). L'Hypnotisme, étude critique. 2e éd. 1 vol. in-12 . . . . . 2 fr. 50

OSTY. Lucidité et intuition. Étude expérimentale. 1913. 1 fort vol. in-8 . . 8 fr.

RIBOT (Th) de l'Institut. Les maladies de la personnalité. 1 vol in-16. 15e éd. 1911. . . . . 2 fr. 50

WUNDT. Hypnotisme et suggestion 1e éd 1909. 1 vol in-18 . . . . . 2 fr. 50

137-17. — Coulommiers Imp Paul BRODARD — 6-17